SPOKEN ENGLISH

LANGUAGE BOOK

GRAMMAR. WORD POWER. FLUENCY TOOLS.

FAKHERA MERCHANT

SPOKEN ENGLISH LANGUAGE BOOK

BY

FAKHERA MERCHANT

ISBN: 978-93-86447-73-9

Published by RIGI PUBLICATION

777, Street no.9, Krishna Nagar

Khanna-141401 (Punjab), India

Website: www.rigipublication.com

Email: info@rigipublication.com

Phone: +91-9357710014, +91-9465468291

PREFACE

English language is indispensable in the commercial and scientific world. It has become a World Language. Nowadays the standard of English both in schools and colleges, has fallen very much to the extent, even the graduates could not write a few sentences on their own.

Myself, Fakhera, Head of the F.A.C., has taken initiative to publish this book, in which I have adopted a novel method which will infuse interest to the English learners. In the " Spoken English Book "English Grammar is given in a simple and narrative way with many examples to understand easily.

I have taken much care and pain to give the grammar points in a very palatable manner. I have given structure of sentences and usages of tenses in a very simple way.

I hope this book will enrich and improve the English Language knowledge of the learners and will receive a hilarious welcome from all quarters of the society.

Contact: Pune Branch: 9766998452

Nashik Branch: 7767849966

TONGUE TWISTERS:

1. Give Papa a cup of proper coffee in a copper coffee cup.

2. Black background, brown background.

3. There those thousand thinkers were thinking how did the other the other three thieves go through.

4. Six slick swans swam swiftly southwards.

5. A big black bug bit a big black dog on his big black nose.

6. how much pot, could a pot roast roast, if a pot roast could roast pot.\

7. Six sling snails sailed silently.

8. I saw a kitten, eating chicken in the kitchen.

9. Nine nice night nurses nursing nicely.

10. how much wood would a woodchuck chuck if a woodchuck could chuck wood?

BENEFITS OF TONGUE TWISTERS:

1. They strengthen and stretch the muscles involved in speech. This muscle exercise leads to clearer pronunciation; clearer speech patterns, and helps rectify some of the hardest sound for you.

2. They show you which sounds are difficult for you.

3. They are a great warm up

INDEX

INDEX

MODULE 1 : SUBJECT EXPLANATION सब्जॉक्ट एक्सॉप्लेनेशन विषय विवरण)

(A) Pronoun Chart - प्रनाउन चार्ट (सर्वनाम)

I	आए (मैं)	Me	मी	My	माए (मेरा)	Mine	माइन	Myself	माएसॅल्फ (मैं खुद)
We	वी (हम)	Us	अस	Our	आर (हमारा)	Ours	आर्ज	Ourselves	आर्सॅल्वज (हम खुद)
You	यू (तुम)	You	यू	Your	यॉर (तुम्हारा)	Yours	यॉर्ज	Yourself/Yourselves	यॉर सॅल्फ/यॉर्सॅल्वज (तुम खुद)
He	ही (वह)	Him	हिम	His	हिज (उसका)	His	हिज	Himself	हिमसॅल्फ (वह खुद)
She	शी (वह)	Her	हर	Her	हर (उसका)	Hers	हर्ज	Herself	हरसॅल्फ (वह खुद)
It	इट (वह)	It	इट	Its	इट्स (उसका)	Its	इट्स	Itself	इट्सॅल्फ (वह खुद)
They	दे (वे)	Them	दॅम	Their	दियार (उनका)	Theirs	दियार्ज	Themselves	दॅमसॅल्वज (वे खुद)

(B) Subject + Helping verb (विषय + सहायक क्रिया)

Subject	1	2 a	2 b	3	4	5	6
I	Am ऐम	Was वॉज़	Were*	Have हैव	Do डू	Don't डोन्ट	Have to हैव टू
We	Are आर	Were वर		Have हैव	Do डू	Don't डोन्ट	Have to हैव टू
You	Are आर	Were वर		Have हैव	Do डू	Don't डोन्ट	Have to हैव टू
He	Is इज़	Was वॉज़	Were*	Has हैज़	Does डज़	Doesn't डज़िन्ट	Has to हैज़ टू
She	Is इज़	Was वॉज़	Were*	Has हैज़	Does डज़	Doesn't डज़िन्ट	Has to हैज़ टू
It	Is इज़	Was वॉज़	Were*	Has हैज़	Does डज़	Doesn't डज़िन्ट	Has to हैज़ टू
They	Are आर	Were वर		Have हैव	Do डू	Don't डोन्ट	Have to हैव टू

Had, did, can, could, may, might, will, would, shall, should, used to, must, need, ought to/dare.

All the underlined modals remain the same for all the subjects.

सभी रेखांकित मॉडल्स सभी कर्ताओं के लिए समान रहते हैं ।

*Were is used only in imaginary conditions.

I, he, she, it के साथ were को काल्पनिक अवस्था में ही उपयोग करते हैं ।

"I"

1. I am educated.	आए ऐम ऍजूकेटिड	मै पढ़ा लिखा हूँ ।
2. I am a teacher.	आए ऐम ए टीचर	मै एक अध्यापक हूँ ।
3. I am an English teacher.	आए ऐम ऐन इंग्लिश टीचर	मै एक अग्रेंजी का अध्यापक हूँ ।
4. I am in the school right now.	आए ऐन इन द स्कूल राइट नाओ	मै अभी विद्यालय में हूँ ।

"We"

1. We are four boys.	वी आर फोर बॉइज़	हम चार लड़के हैं ।
2. We are smart students.	वी आर स्मार्ट स्टुडिन्ट्स	हम स्मार्ट विद्यार्थी हैं ।
3. We are in the play ground.	वी आर इन द प्ले ग्राउण्ड	हम खेल के मैदान में हैं ।

"You"

1. You are Preeti.	यू आर प्रीति	तुम प्रीती हो ।
2. You are beautiful.	यू आर बियूटिफुल	तुम सुंदर हो ।
3. You are a doctor.	यू आर अ डॉक्टर	तुम एक चिकित्सक हो ।
4. You are Jaswant's wife.	यू आर जसवन्त्स वाइफ	तुम जसवन्त की पत्नी हो ।

"They"

1. They are my best friends.	दे आर माए बैस्ट फ्रॅन्ड्स्	वे मेरे सबसे अच्छे मित्र हैं ।
2. They are very intelligent.	दे आर वैरी इन्टैलिजिन्ट	वे बहुत होशियार हैं ।
3. They are honest.	दे आर ऑनेस्ट	वे ईमानदार हैं ।
4. They are not in the town today.	दे आर नॉट इन द दाउन टुड्डे	वे आज शहर में नही है ।

"He"

1. He is a player.	ही इज़ अ प्लैयर	वह एक खिलाड़ी है ।
2. He is Jaspreet's brother.	ही इज़ जसप्रीत्स ब्रदर	वह जसप्रीत का भाई हैं ।
3. He is in America these days.	ही इज़ इन अमैरिका दीज़ डेज़	वह इन दिनों अमेरिका में हैं ।
4. His name is Jasvinder.	हिज़ नेम इज़ जसविन्दर	उसका नाम जसविन्दर हैं ।

"She"

1. She is Mrs. Nazia.	शी इज़ मिसिज़ नाज़िया	वह श्रीमती नाज़िया है ।
2. She is Sonu's mother.	शी इज़ सोनूज़ मदर	वह सोनू की माँ है ।
3. She is a housewife.	शी इज़ अ हाउज़ वाइफ	वह एक ग्रहणी है ।
4. She is a great cook also.	शी इज़ अ ग्रेट कुक ऑल्सो	वह एक बहुत अच्छी रसोईयाँ भी है ।

"It"

1. It is my favourite programme.	इट इज़ माए फेवरिट प्रोग्राम	यह मेरा पसंदीदा कार्यक्रम है ।
2. It is a comedy serial.	इट इज़ अ कॉमेडी सीरियल	यह एक हास्य नाटक है ।
3. It is on SAB TV.	इट इज़ ऑन सब टी. वी	यह सब टी. वी. पर हैं ।
4. It is 'Tarak Mehta Ka Ulta Chasma'	इट इज़ 'तारक मेहता का उल्टा चश्मा'	यह 'तारक मेहता का उल्टा चश्मा' हैं ।

"This"

1. This is our class.	दिस इज़ आर क्लास	यह हमारी क्लास है ।
2. This is their responsibility.	दिस इज़ दियार रिस्पॉन्सिबिलिटी	यह उनकी ज़िम्मेदारी हैं ।
3. This is indra's proposal.	दिस इज़ इन्द्राज़ प्रपोजल	यह इन्द्रा का प्रस्ताव हैं ।
4. This is Gopal's party.	दिस इज़ गोपाल्ज पार्टी	यह गोपाल की दावत हैं ।

"These"

1. These are our rules.	दीज़ आर आर रुल्ज़	ये हमारे नियम है ।
2. These are his keys.	दीज़ आर हिज़ कीज़	ये उसकी चाबियाँ हैं ।
3. These are Seema's dresses.	दीज़ आर सीमाज़ ड्रेसिज़	ये सीमा की पौशाकें हैं ।
4. These are Monu's shoes.	दीज़ आर मोनूज़ शूज़	ये मोनू के जूते हैं ।

"That"

1. That is my bag.	दैट इज़ माए बैग	वह मेरा बैग है ।
2. That is his scale.	दैट इज़ हिज़ स्केल	वह उसकी स्केल हैं ।
3. That is her folder.	दैट इज़ हर फोल्डर	वह उसका फोल्डर हैं ।
4. That is Surendra's mobile.	दैट इज़ सुरेन्द्रस मोबाइल	वह सुरेन्द्र का मोबाइल हैं ।

"Those"

1. Those are my photos.	दोज़ आर माए फोटोज़	वे मेरी तस्वीरें है ।
2. Those are his shops.	दोज़ आर हिज़ शॉप्स	वे उसकी दुकाने हैं ।
3. Those are her pens.	दोज़ आर हर पॅन्स	वे उसके कलम हैं ।
4. Those are your farms.	दोज़ आर यॉर फार्म्स	वे तुम्हारे खेत हैं ।

MODULE 2 : SUBJECT DESCRIPTIVE SENTENCES- सब्जॅक्ट डिस्क्रिप्टिव सॅन्टॅन्सिज़

(विषय वर्णात्मक वाक्य)

(A) Past - पास्ट (भूतकाल)

Subject + was / were + Object (Noun / Adjective / Preposition) + Additional Information (A. I.)

किसी वस्तु/प्राणी के पद / या उसकी विशेषता / या उसकी स्थिति बताने के लिए (था)

(was not / were not (नहीं था))

1. I was a <u>student</u>. (पद)	I was not a student.	Was I a student?
आए वॉज़ अ स्टूडिन्ट ।	आए वॉज़ नॉट अ स्टूडिन्ट ।	वॉज़ आए अ स्टूडिन्ट ?
मैं एक विद्यार्थी था ।	मैं एक विद्यार्थी नहीं था ।	क्या मैं एक विद्यार्थी था ?
2. I was a <u>good</u> student.(विशेषता)	I was not a good student.	Wasn't I a good student?
आए वॉज़ अ गुड स्टूडिन्ट ।	आए वॉज़ नॉट अ गुड स्टूडिन्ट ।	वॉज़न्ट आए अ गुड स्टूडिन्ट?
मैं एक अच्छा विद्यार्थी था ।	मैं एक अच्छा विद्यार्थी नहीं था ।	क्या मैं एक अच्छा विद्यार्थी नहीं था ?
3. I was <u>in</u> the class. (स्थिति)	I was not in the class.	Was I in the class?
आए वॉज़ इन द क्लास ।	आए वॉज़ नॉट इन द क्लास ।	वॉज़ आए इन द क्लास ?
मैं कक्षा में था ।	मैं कक्षा में नहीं था ।	क्या मैं कक्षा में था ?

(B) Present - प्रेजिन्ट (वर्तमान)

Subject + is / am / are + Object (Noun / Adjective / Preposition) + Additional Information (A. I.)

किसी वस्तु/प्राणी के पद / या उसकी विशेषता / या उसकी स्थिति बताने के लिए (है)

(is not / am not / are not)

1. I am a <u>student</u>. (पद)	I am not a student.	Am I a student?
आए ऐम अ स्टूडिन्ट ।	आए ऐम नॉट अ स्टूडिन्ट ।	ऐम आए अ स्टूडिन्ट ?
मैं एक विद्यार्थी हूँ ।	मैं एक विद्यार्थी नहीं हूँ ।	क्या मैं एक विद्यार्थी हूँ ?
2. I am a <u>good</u> student. (विशेषता)	I am not a good student.	Am I not a good student?
आए ऐम अ गुड स्टूडिन्ट ।	आए ऐम नॉट अ गुड स्टूडिन्ट ।	ऐम आए नॉट अ गुड स्टूडिन्ट ?
मैं एक अच्छा विद्यार्थी हूँ ।	मैं एक अच्छा विद्यार्थी नहीं हूँ ।	क्या मैं एक अच्छा विद्यार्थी नहीं हूँ ?
3. I am <u>in</u> the class.(स्थिति)	I am not in the class.	Am I in the class?
आए ऐम इन द क्लास ।	आए ऐम नॉट इन द क्लास ।	ऐम आए इन द क्लास ?
मैं कक्षा में हूँ ।	मैं कक्षा में नहीं हूँ ।	क्या मैं कक्षा में हूँ ?

(C) Future - फ्यूचर (भविष्य)

Subject + shall be /will be/would be + Object (Noun/Adjective / Preposition) + Additional Information (A.I.)

किसी वस्तु/प्राणी के पद / या उसकी विशेषता / या उसकी स्थिति बताने के लिए (होगा)

(will not (नहीं होगा))

1. I will be a <u>doctor</u>. (पद)	I won't be a doctor.	Will I be a doctor ?
आए विल बी अ डॉक्टर ।	आए वोन्ट बी अ डॉक्टर ।	विल आए बी अ डॉक्टर ?
मैं एक चिकित्सक बनूँगा।	मैं एक चिकित्सक नही बनूँगा।	क्या मैं एक चिकित्सक बनूँगा ?
2. I will be an <u>expert</u> doctor.(विशेषता)	I Won't be an expert doctor.	Will I be an expert doctor ?
आए विल बी ऐन ऍक्सपर्ट डॉक्टर ।	आए वोन्ट बी ऐन ऍक्सपर्ट डॉक्टर ।	विल आए बी ऐन ऍक्सपर्ट डॉक्टर ?
मैं एक निपुण <u>चिकित्सक</u> बनूँगा ।	मैं एक निपुण चिकित्सक नही बनूँगा ।	क्या मैं एक निपुण चिकित्सक बनूँगा ?
3. I will be <u>in</u> America next year. (स्थिति)	I will not be <u>in</u> America next year.	Will I be <u>in</u> Amirica next year ?
आए विल बी इन अमेरिका नेक्स्ट इयर।	आए विल नॉट बी इन अमेरिका नेक्स्ट इयर?	विल आए बी इन अमेरिका नेक्स्ट इयर ?
मैं अगले साल अमेरिका में होगा।	मैं अगले साल अमेरिका नहीं होगा।	क्या मैं अगले साल अमेरिका मैं होंगा ?

(D) There - दैर

There + is/are +Object + place (किसी भी चीज़ का अस्तित्व मौजूद है) isn't /aren't (नहीं है)

There + was +were (किसी भी चीज़ का अस्तित्व मौजूद था) wasn't /weren't (नहीं था)

There + will be / shall be (किसी भी चीज़ का अस्तित्व मौजूद होगा) won't be (नहीं होगा)

1. There <u>is</u> a holiday <u>today.</u>

   दैर इज़ अ हॉलीडे टुडे ।

   <u>आज</u> छुट्टी है ।

   There <u>was</u> a holiday <u>yesterday</u>

   दैर वॉज़ अ हॉलीडे यॅस्टडें ।

   <u>(बीता हुआ)</u> कल छुट्टी <u>थी</u> ।

   There <u>will be</u> a holiday <u>tomorrow.</u>

   दैर विल बी अ हॉलीडे टुमॉरो ।

   <u>(आने वाला)</u> कल छुट्टी होगी ।

2. There was a book in his bag.

   दैर वॉज़ अ बुक इन हिज़ बैग ।

   उसके बस्ते में एक किताब थी ।

   There was't any book in his bag.

   दैर वॉज़िन्ट एनी बुक इन हिज़ बैग ।

   उसके बस्ते में कोई किताब नहीं थी ।

   Was there a book in his bag ?

   वॉज़ दैर अ बुक इन हिज़ बैग ?

   क्या उसके बस्ते में एक किताब थी ?

3. There <u>are</u> 200 students

   in the school <u>this year.</u>

   दैर आर 200 स्टूड़िन्ट्स इन द स्कूल

   दिज ईअर.

   <u>इस वर्ष</u> विद्यालय में 200 विद्यार्थी हैं ।

   There <u>were</u> 150 students

   in the school <u>last year.</u>

   दैर वर 150 स्टूड़िन्ट्स इन द स्कूल

   लास्ट ईअर.

   <u>पिछले वर्ष</u> विद्यालय में 150 विद्यार्थी <u>थे</u> ।

   There <u>will be</u> 500 students

   in the school <u>next year.</u>

   दैर <u>विल बी</u> 500 स्टूड़िन्ट्स इन द स्कूल

   नेक्स्ट ईअर.

   <u>अगले वर्ष</u> विद्यालय में 500 विद्यार्थी <u>होंगे</u> ।

(E) ROUTINE REPLY EXPRESSIONS (रुटीन रिप्लाए ऐक्सप्रैशिन्स) रोजाना के सवाल–जवाब

1. Do you have money in your purse ?

   क्या तुम्हारे पास पर्स में पैसे है ?

   A. Yes, I have money in my purse .

   हाँ, मेरे पास पर्स में पैसे है ।

2. Don't you have the information ? (इन्फरमेशन)

   क्या तुम्हारे पास जानकारी नहीं है ?

   A. No, I have no information .

   नही, मेरे पास कोई जानकारी नहीं है ।

3. Are you at home ? क्या तुम घर पर हो ?

   A. Yes, I am at home . हाँ, मैं घर पर हूँ ।

4. Were you right ? क्या तुम सही थे ?

   A. Yes, I was right. हाँ मैं सही था ।

5. Are there any biscuits in that box?

   क्या उस बॉक्स में कुछ बिस्किट है ?

   A. Yes, there are some biscuits in that box.

   हाँ, उस बॉक्स में कुछ बिस्किट है ?

6. Is English difficult? क्या अंग्रेजी कठिन है? (डिफीकल्ट)

   A. No, it is easy . नहीं, यह सरल है ।

7. Is there any <u>benefit</u> (बेनिफिट) of this English

   book? क्या इस अंग्रेजी किताब का कोई लाभ है ?

   A. Yes, there are lots of benefits of this English

   book हाँ, इस अंग्रेजी किताब के बहुत लाभ है ।

8. Was the <u>programme</u> good ?

   क्यो कार्यक्रम अच्छा था? (प्रोग्राम)

   A. Yes, the programme was good ?

   हाँ, कार्यक्रम अच्छा था।

(F) Have /Has/Had

Subject + have/has + object पास है / don't /dosen't + have पास नहीं है

Subject + had + object पास था / didn't have + object पास नहीं था

Subject + will have + object पास होगा / will not have + object पास नहीं होगा

1. I have a pen.

   आए हैव अ पॅन्.

   मेरे पास एक पॅन् है ।

   I don't have a pen.

   आए डोन्ट हैव अ पॅन्.

   मेरे पास पॅन् नहीं है ।

   Do I have a pen ?

   डू आए हैव अ पॅन् ?

   क्या मेरे पास पॅन् है ?

2. You have a chance.

   यू हैव अ चान्स्.

   तुम्हारे पास एक मौका है ।

   You don't have a chance.

   यू डोन्ट हैव अ चान्स्.

   तुम्हारे पास मौका नहीं है ।

   Do you have a chance ?

   डू यू हैव अ चान्स् ?

   क्या तुम्हारे पास एक मौका है ?

3. Ravi has two brothers.

   रवि हैज़ टू ब्रदर्स.

   रवि के दो भाई है ।

   Ravi does not have two brothers.

   रवि डजनॉट हैव टू ब्रदर्स.

   रवि के दो भाई नहीं है ।

   Does Ravi have two brothers ?

   ड्ज रवि हैव टू ब्रदर्स ?

   क्या रवि के दो भाई है ।

4. F.A.C. has 15 centres.

   ऍफ. अे. सी. हैज़ 15 सेन्टर्स.

   ऍफ. अे. सी. के 15 केन्द्र है ।

   F.A.C. does not have 15 centres.

   ऍफ. अे. सी. डजनॉट हैव 15 सेन्टर्स.

   ऍफ. अे. सी. के 15 केन्द्र नहीं है ।

   Does F.A.C. have 15 centres ?

   डज अे. ऐ. सी. हैव 15 सेन्टर्स ?

   क्या अे. ऐ. सी. के 15 केन्द्र है ?

5. They had all the books.

   दे हेड ऑल द बुक्स.

   उनके पास सभी पुस्तकें थीं ।

   They didn't have all the books.

   दे डिडिन्ट हैव ऑल द बुक्स.

   उनके पास सभी पुस्तकें नही थीं ।

   Did they have all the books ?

   डिड दे हैव ऑल द बुक्स ?

   क्या उनके पास सभी पुस्तकें थीं ?

6. We will have a lot of free time during holidays.

   वी विल हैव अ लॉट ऑफ फ्री टाइम ड्यूरिंग हॉलिडेज.

   हमारे पास छुट्टियों के दौरान बहुत खाली समय होगा ।

   We will not have a lot of free time during holidays.

   वी विल नॉट हैव अ लॉट ऑफ फ्री टाइम ड्यूरिंग हॉलिडेज.

   हमारे पास छुट्टियों के दौरान बहुत खाली समय नहीं होगा ।

   Won't we have a lot of free time during holidays ?

   वोन्ट वी हैव अ लॉट ऑफ फ्री टाइम ड्यूरिंग हॉलिडेज ?

   क्या हमारे पास छुट्टियों के दौरान बहुत खाली समय नहीं होगा ।

7. The school <u>had</u> a small ground <u>last year.</u>

   <u>पिछले वर्ष</u> विद्यालय के पास छोटा मैदान <u>था</u>।

   The school <u>has</u> a big ground <u>this year.</u>

   <u>इस वर्ष</u> विद्यालय के पास एक बडा मैदान <u>है</u>।

   <u>By next year</u> the school <u>will have</u> another playground.

   <u>अगले वर्ष तक</u> विद्यालय के पास एक और खेल का मैदान <u>होगा</u>।

MODULE 3 : TENSES

(A) Directives: Instructions/Orders (निर्देश /आदेश)

V1 + Object/A.I. → करो / जाओ / देखो / सोचो / लो / दो **Don't** (डोन्ट) +V1+Object A.I.→मत करो ।

A.I.→ Additional Information (अतिरिक्त जानकारी) कब, कहाँ, क्यों कैसे

V1	+	Object	=	Directives
1. Come (कम) (आना)	+	here	=	Come here. (कम हिअर) यहाँ आओ।
Don't +come	+	here	=	Don't come here. (डोन्ट कम हिअर) यहाँ मत आओ।
2. Go (गो) (जाना)	+	there	=	Go there. (गो देअर) वहाँ जाओ।
Don't + go	+	there	=	Don't go there. (डोन्ट गो देअर) वहाँ मत जाओ।
3. Take (टेक) (लेना)	+	this key	=	Take this key. (टेक दिस कि) यह चाबी लिजिए।
4. Give (गिव) (देना)	+	that pen	=	Give that pen. (गिव दैट पॅन) वह पॅन्न दो।
5. See (सी) (देखना)	+	the picture	=	See the picture. (सी द पिक्चर) तस्वीर देखों।
6. Eat (ईट) (खाना)	+	food	=	Eat food. (ईट फूड) खाना खाओ।
7. Drink (ड्रिंक) (पीना)	+	water	=	Drink water. (ड्रिंक वॉटर) पानी पीया।
8. Write (राईट) (लिखना)	+	the story	=	Write the story. (राईट द स्टोरी) कहानी लिखो।
9. Draw (ड्रॉ) (खींचना)	+	the curtain	=	Draw the curtain. (ड्रॉ द कर्टेन) पर्दा खींचा।
10. Draw (ड्रॉ गाड़ी) (चित्र बनाना)	+	the map	=	Draw the map. (दी मैप) नक्शा बनाओ।
11. Drive (ड्राईव) (गाड़ी चलाना)	+	fast	=	Drive fast. (ड्राईव फास्ट) गाडी तेज़ चलाआ।
Don't + drive	+	fast	=	Don't drive fast. (डोन्ट ड्राईव फास्ट) गाडी तेज़ मत चलाओ।
12. Open (ओपन) (खोलना)	+	your book	=	Open your book. (ओपन यॉर बुक) अपनी किताब खोलो।
13. Close (क्लोज) (बंद करना)	+	the door	=	Close the door. (क्लोज द डोर) दरवाजा बंद करो।
14. Stop (स्टॉप) (रुकना)	+	the car	=	Stop the car. (स्टॉप द कार) कार रोको।
15. Start (स्टार्ट) (शुरु करना)	+	the programme	=	Start the programme. (स्टार्ट द प्रोग्राम) क्रार्यक्रम शुरु करा।
16. Look (लुक) (देखना)	+	here	=	Look here. (लुक हियर) यहाँ देखो।
17. Cook (कुक) (पकाना)	+	food	=	Cook food. (कुक फूड) भोजन पकाओ।
18. Clean (क्लीन) (साफ करना)	+	the floor	=	Clean the floor. (क्लीन द फ़्लोर) फर्श साफ करो।
19. Change (चेंज) (बदलना)	+	the clothes	=	Change the clothes. (चेंज द क्लोद्स) कपड़े बदलो।
20. Wait (वेट) (इंतज़ार करना)	+	there	=	Wait there. (वेट देअर) वहाँ इंतजार करो।
21. Say (से) (कहना)	+	something	=	Say Something. (से समथिंग) कुछ कहो।
22. Admit (ऍडमिट) (स्वीकार करना)	+	the mistake	=	Admit the mistake. (ऍडमिट द मिस्टेक)गलती को स्वीकार करो।
23. Do (डू) (करना)	+	your home work	=	Do your homework. (डू यॉर होमवर्क) अपना गृहकार्य करो।
24. Forget (फॉ:गॅट) (भूलना)	+	the past	=	Forget the past. (फॉ:गॉट दि पास्ट) बिता हआ भूलो।
25. Break (ब्रेक) (तोडना)	+	the line	=	Break the line. (ब्रेक द लाईन) पंक्ति तोड़ो।
26. Make (मेक) (बनाना)	+	tea	=	Make tea. (मेक टी) चाय बनाओ।
27. Bring (ब्रिंग) (लाना)	+	a book	=	Bring a book. (ब्रिंग अ बुक) एक किताब लाओ।
28. Catch (कॅच) (पकडना)	+	the ball	=	Catch the ball. (कैच द बॉल) गेंद को पकडो।
29. Teach (टीच) (पकडना)	+	English	=	Teach English. (टीच इंग्लिश) अंग्रेजी पढाओ।
30. Fight (फाईट) (लडना)	+	with courage	=	Fight with courage. (फाईट विथ करेज़) हिम्मत से लड़ो।
31. Fly (फ्लाए) (उडना / उडाना)	+	the kite	=	Fly the kite. (फ्लाए द काईट) पंतग उड़ाओ।
32. Grow (ग्रो) (उगाना)	+	the plants	=	Grow the plants.(ग्रो द प्लान्ट्स) पौधे उगाओ।
33. Sit (सिट) (बैठना)	+	straight	=	Sit straight. (सिट स्ट्रेट) सीधे बैठो।

34. Stand (स्टैण्ड) (खड़े होना)	+	in a queue	=	Stand in a queue. (स्टैण्ड इन अ क्यू) लाईन में खड़े रहो।
35. Buy (बाए) (खरीदना)	+	a pen	=	Buy a pen. (बाए अ पॅन) एक पॅन खरीदों।
36. Sell (सॅल) (बेचना)	+	the old books	=	Sell the old books.(सॅल द ओल्ड बुक्स)पुरानी किताबें बेच दो।
37. Get (गॅट्) (प्राप्त करना)	+	the prize	=	Get the prize. (गॅट् द प्राईज़) ईनाम प्राप्त करो।
38. Run (रन) (दौड़ना)	+	fast	=	Run fast. (रन फास्ट) तेज़ दौड़ो।
39. Put (पुट्) (रखना)	+	sugar	=	Put sugar. (पुट् शुगर) शक्कर डालो।
40. Think (थिंक) (सोचना)	+	again	=	Think again. (थिंक अगेन) दुबारा सोचो।
41. Clean (क्लीन) (साफ करना)	+	your bag	=	Clean your bag. (क्लीन यॉर बैग) अपना बस्ता साफ करो।
42. Wash (वॉश) (धोना)	+	your hands	=	Wash your hands. (वॉश यॉर हैण्ड्स) अपने हाथ धोएँ ।
43. Read (रीड) (पढ़ना)	+	well	=	Read well. (रीड वॅल) उचित रीत से पढ़ें।
44. Meet (मीट) (मिलना)	+	me tomorrow	=	Meet me tomorrow. (मीट मी टूमॉरो) मुझसे कल मिलें।
45. Send (सॅन्ड) (भेजना)	+	him	=	Send him. (सॅण्ड हिम) उसे भेज दें।
46. Push (पुश) (धक्का देना)	+	the door	=	Push the door. (पुश द डोर) द्वार को धक्का दें।
47. Pull (पुल) (खींचना)	+	the door	=	Pull the door. (पल द डोर) द्वार को खींचों।
48. Save (सेव) (बचाना)	+	water	=	Save water. (सेव वॉटर) पानी बचाएँ।
49. Join (जॉईन) (जुड़ना)	+	the wire	=	Join the wire. (जॉईन द वायर) तार को जोंडें।
50. Turn (टर्न) (मोड़ना)	+	left	=	Turn left. (टर्न लॅफ्ट) बांये मुड़िये।

---

1. How to make tea :

1. Take a <u>vessel</u>. (वैसिल)	एक बर्तन लें ।
2. Put water.	उसमें पानी डालें ।
3. <u>Then</u> add sugar and tea leaves.	फिर शक्कर और चायपत्ती मिलाए ।
4. Pour milk.	दूध डालें ।
5. Boil it for some time.	इसे कुछ समय के लिए उबलने दें ।
6. <u>Then strain</u> (स्ट्रेन) the tea.	फिर चाय को छानले ।
7. And serve it.	और उसे परोस दें ।

2. ORDER Students :

1. Take out your science book.	अपनी विज्ञान की किताब बाहर निकालो ।
2. Open page No. 66.	पेज नम्बर 66 खोलो ।
3. Read the lesson.	पाठ पढ़ो ।
4. And write it in your note book.	<u>और</u> इसे अपनी कॉपी में लिखो ।

3. Traffic Rules:

I am a Traffic Policeman, I will teach you the rules.	मैं यातायत पुलिस हूँ । मैं आपको नियम सिखाउँगा ।
1. Always drive slowly.	हमेशा गाड़ी धीरे चलाओं ।
2 . Wear helmet on two wheelers.	दूपहियाँ वाहन पर हॅलमेट पहनो ।
3. Don't drink & drive.	शराब पीकर गाड़ी मत चलाओं ।
4. Don't use mobile phones while driving.	गाड़ी चलाते समय मोबाईल फोन का उपयोग मत करो ।

4. Doctor's Advices:

I am a doctor, I will teach you healthy habits.	मैं डॉक्टर हूँ । मैं तुम्हें अच्छी आदतें सिखाऊँगा ।
1. Take bath daily.	रोज़ स्नान करो ।
2 . Brush your teeth twice a day.	दिन में दो बार अपने दातों को मंजन करो ।
3. Eat healthy food.	पोष्टिक खाना खाओं ।
4. Drink milk everyday.	हर दिन दूध पीओ ।

1. Joining Directives

1. Use your mind and answer all the questions. अपने दिमाग का उपयोग करो और सभी प्रश्नों के उत्तर दो।

2. Make tea and cook food. चाय बनाओ और खाना पकाओ ।

3. Keep the book and bring a pen. किताब रखो और एक पॅन् लाओ ।

4. Talk clearly and do your homework. स्पष्ट बात करो और अपना गृहकार्य करो ।

5. Sit straight and read well. सीधे बैठो और ढंग से पढ़ो ।

6. Get in and pull the door. अन्दर आ जाओ और द्वार को खींचों ।

7. Sell old books and buy a new pen. पुरानी किताबें बेच दो और एक नई पॅन् खरीदो ।

8. Send him to join the wire. तार जोड़ने के लिए उसे भेज दों ।

9. Don't push the door but pull the door द्वार को धक्का न दें लेकिन द्वार को खींचे ।

10. Clean your bag and wash your hands. अपना बस्ता साफ करो और अपने हाथ धो ।

---

2. Conversation using Directives

Kajal is getting ready to go to school. काजल स्कूल जाने के लिए तैयार हो रही है ।

She is becoming late. उसे देर हो रही है ।

Her mother is saying something. उसकी माँ उससे कुछ कह रही है ।

Mother: Hurry up, Kajal! Finish your breakfast. जल्दी करो, काजल ! नाश्ता खत्म करो ।

Kajai: Mom, please put some butter on the toast. माँ, कृपया करके थोड़ा मक्खन लगाना टोस्ट पर ।

Mother: All right Kajal, drink the milk too. ठीक है, काजल । दूध भी पीयो ।

Kajal: Yes, mom. हाँ माँ ।

Mother: Drink it up quickly, you are getting late. जल्दी पीयो, तुम्हे देर हो रही है ।

Kajal: Mom, please put my lunch box माँ, कृपया करके मेरा लंच बॉक्स

and water bottle in my bag. और पानी की बोतल मेरे बैग में रख लीजिए ।

Mother: Come on! Go fast, your bus is here. चलो! जल्दी जाओ, तुम्हारी बस आ गई है ।

3- Directives for practice- अभ्यास

1.	Never forget.	(कभी मत भूलो)
2.	Please <u>reply</u>.	(कृपया उत्तर दीजिये) <u>रिप्लाए</u>
3.	Walk <u>cautiously</u>.	(सतर्कता से चले) <u>कॅशियसली</u>
4.	Come <u>afterwards</u>.	(बाद में आएँ) आफ्टरवर्ड्ज़
5.	Be early / Be quick.	(जल्दी आए / जल्दी करें)
6.	Be <u>patient</u>.	(धीरज के साथ रहें) <u>पेशिन्ट</u>
7.	Don't <u>discourage</u>.	(निराश मत करो) डिस्करेज़
	Don't be <u>discouraged</u>.	(निराश मत होना) डिस्करेज्ड
8.	Don't decide in a hurry.	(जल्दी में निर्णय न लें)
9.	Get <u>inside</u>.	(अंदर आ जाओ) <u>इनसाईड</u>
10.	<u>Ignore</u> it.	(इस पर ध्यान मत दो) <u>इग्नोर</u>
11.	Judge yourself.	(अपने आप को परखें)
12.	Keep <u>calm</u>.	(शांत रहें) <u>काम</u>
13.	Keep moving.	(चलते रहें)
14.	Keep <u>distance</u>.	(दूरी बनाये रखें) <u>डिसटॅन्स</u>
15.	Don't cut jokes.	(मज़ाक मत करो)
16.	Don't talk <u>nonsense</u> / Don't chatter.	(मूर्खतापूर्ण बात मत करो) <u>नॉनसॅन्स</u>
17.	Leave me <u>alone</u>.	(मुझे अकेला छोड़ दो) <u>अलोन</u>
18.	Have a <u>heart</u>.	(थोड़ी हिम्मत रखो) <u>हार्ट</u>
19.	Please try again.	(कृपया पुनःप्रयास करें)
20.	Please be seated.	(कृपया बैठिये)
21.	Don't be silly.	(मूर्ख मत बनो)
22.	<u>Vacate</u> the place.	(जगह खाली करो) <u>वेकेट</u>
23.	Hold your <u>tongue</u> / Mind your words.	(अपनी जबान को लगाम दो / काबू में रखो) <u>टंग</u>
24.	Speak your mind/Talksensible.	(जो दिमाग में है वह बोल दें / अक्ल की बात की बात करा।)
25.	<u>Donategenerously</u>.	(दिल खोलकर दान दें) <u>डोनेट जैनरिसली</u>
26.	Try to understand.	(समझने की कोशिश करें)
27.	Work <u>wholeheartedly</u>.	(पूरे मन से काम कीजिये) <u>होल हार्टिडली</u>
28.	Mend your ways/ Mind your manners.	(अपना तरीका सुधारें) Mend-repair
29.	Check the accounts.	(खातों को जाँचें)
30.	<u>Squeeze</u> three oranges.	(तीन संतरे निचोड़ें) <u>स्क्वीज</u>
	Wring the clothes.	(कपड़े निचोड़ो)
31.	Send for him.	(उसे बुला भेजो)
32.	<u>Hire</u> a taxi/Take a taxi.	(टैक्सी किरासे पर ले लो / टैक्सी ले लो) <u>हायर</u>
33.	Don't copy others.	(दूसरों की नकल नहीं करें)

34. <u>Tighten</u> yours shoelaces.	(अपने जूते के फीते कसके बाँधे) <u>टाइटिन</u> (Tie-बाँधें)
35. Keep the change.	(छुट्टा रख लें)
36. Keep everything ready.	(हर चीज़ तैयार रखें)
37. You stay here.	(तुम यहीं रुको)
38. Light the lamp.	(दिया जलाए)
39. Put off the lamp.	(लैम्प बुझाएं)
40. <u>Switch</u> on the fan.	(पंखों का बटन चालू करें) <u>स्विच</u>
41. Button up your coat.	(अपने कोट के बटन बंद करें)
42. Restart the computer.	(कम्प्यूटर को पुनः चालू करें)
43. <u>Adopt</u> good habits.	(अच्छी आदतें अपनाएँ) ऍडॉप्ट
44. <u>Blow</u> your nose.	(नाक साफ करें) ब्लो
45. <u>Borrow</u> someone's car.	(किसी की कार उधार ले लें) बॉरो
46. Brush / Comb your hair.	(अपने बालों पर ब्रश / कंघी कर लो)
47. Buy me a couple.	(मुझे दो खरीद दो)
48. Buy the large tin.	(बड़ा डिब्बा खरीदें)
49. Carry on as <u>usual.</u>	(जैसे चल रहा है चलने दें) यूज़्शुअल
50. <u>Consider</u> the <u>expense.</u>	(खर्चे को ध्यान में रखें) <u>कन्सिडर, ऍक्सपैन्स</u>
51. Consider yourself lucky.	(अपने आपको भाग्यशाली समझें)
52. Cease the fight.	(लड़ाई रोकें) सीज़ / Seize (कब्ज़ा)
53. Charge the mobile.	(मोबाईल को चार्ज कर लें)
54. <u>Complain</u> to the <u>authority.</u>	(अधिकारी से शिकायत करें) <u>कम्पलेन, अथॉरिटी</u>
55. Don't be nervous.	(नर्वस न हों)
56. Don't ask me again.	(दुबारा मुझे मत पूछना)
<u>Never</u> ask me again	(मुझे दुबारा कभी <u>मत</u> पूछना)
57. <u>Don't ever</u> do that again.	(अब कभी दुबारा मत करना)
Don't do that again.	(दुबारा मत करना)
58. Don't just sit here.	(यहाँ केवल बैठे मत रहो)
59. Don't sit <u>idle.</u>	(निष्क्रिय मत बैठो)
60. End your argument.	(अपने तर्क समाप्त करो) आरग्यूमॅन्ट
61. Enter the hall.	(हॉल में प्रवेश करो)
62. <u>Express</u> your feelings.	(अपनी भावनाएं व्यक्त करो) ऍक्सप्रॅस
63. Get a bit closer.	(ज़रा नज़दीक आओ)
64. Get dressed properly.	(ढंग से कपडे पहनों) डैस्ड
65. Go to bed.	(बिस्तर पर जाओ / सो जाओ)
66. Go after them.	(उनके पीछे जाओ)
67. Go at once.	(तुरन्त जाओ)
68. Have a cup of tea.	(एक कप चाय लें)
69. Have a good holiday.	(अच्छी छुट्टी बिताएँ)
70. Have some more.	(थोड़ा और लें)

(B) Simple Present

I-Sub (I, we, you, they) + V1 + Obj. / he, she, it + V1 (s, es)	– ऐसा करते है / करता है / करती है ।
II- I, we, you, they + don't + V1 + Obj. / he, she, it + doesn't + V1	– ऐसा नहीं करते है / नहीं करता है / नहीं करती है ।
III-Obj + is / am / are + V3 + by the Sub.	– ऐसा किया जाता है ।
IV - Do, Does + Sub + V1 + Obj ?	– क्या ऐसा करते है ?
V - Don't, Doesn't + Sub + V1 + Obj ?	– क्या ऐसा नहीं करते है ?

1. She goes to school.
   शी गोज़ टू स्कूल
   वह स्कूल जाती है ।

   She does not go to school.
   शी डज़ नॉट गो टू स्कूल
   वह स्कूल नहीं जाती है ।

   Does she go to school ?
   डज़ शी गो टू स्कूल ?
   क्या वह स्कूल जाती है ?

2. She eats roti.
   शी ईट्स रोटी ।
   वह रोटी खाती है ।

   She does not eat roti.
   शी डज़ नॉट ईट रोटी
   वह रोटी नहीं खाती है ।

   Doesn't she eat roti ?
   डज़न्ट शी ईट रोटी ?
   क्या वह रोटी नहीं खाती है ?

3. I study English.
   आए स्टडी इंग्लीश
   मैं अंग्रेज़ी पढ़ता हूँ ।

   I do not study English.
   आए डू नॉट स्टडी इंग्लीश
   मैं अंग्रेज़ी नहीं पढ़ता हूँ ।

   Don't I study English ?
   डोन्ट आए स्टडी इंग्लीश ?
   क्या मैं अंग्रज़ी पढ़ता नही हूँ ?

4. We study Maths.
   वी स्टडी मेथ्स ।
   हम गणित पढ़ते है ।

   We do not study Maths.
   वी डू नॉट स्टडी मेथ्स
   हम गणीत नहीं पढ़ते है ।

   Don't we study Maths ?
   डोन्ट वी स्टडी मेथ्स ?
   क्या हम मेथ्स पढ़ते नहीं है ?

5. Ram lives here.
   राम लिव्ज़ हियर
   राम यहाँ रहता है ।

   Ram does not live here.
   राम डज़ नॉट लिव हियर
   राम यहाँ नहीं रहता है ।

   Doesn't Ram live here ?
   डज़न्ट राम लिव हियर ?
   क्या राम यहाँ नहीं रहता है ?

6. Boys live here.
   बॉइज़ लिव हियर
   लड़के यहाँ रहते है ।

   Boys do not live here.
   बॉइज़ डू नॉट लिव हियर
   लड़के यहाँ नही रहते है ।

   Do the boys live here ?
   डू द बॉइज़ लिव हियर ?
   क्या लड़के यहाँ रहते है ?

Conversations

१. क्या तुम हर शनिवार को खेलने जाते हो ?
Do you go to play every Saturday ?

जवाब १. हां, मैं हर शनिवार को खेलने जाती हूँ । (go, play)
Yes, I go to play every Saturday .

२. क्या तुम अपनी सहेली की तारिफ करती हो ?
Do you praise you friend ?

जवाब २. हां, मैं अपनी सहेली की तारिफ करती हूँ । (praise)
Yes, I praise my friend.

३. क्या राम मुम्बई में रहता है ?
Does Ram live in Mumbai ?

जवाब ३. हां, राम मुम्बई में रहता है । (live)
Yes, Ram lives in Mumbai.

४. क्या सीता अच्छा खाना बनाती है ?
Does Sita cook good food ?

जवाब ४. हां, सीता अच्छा खाना बनाती है । (cook)
Yes, Sita cooks good food.

५. क्या दीपक हमेशा तुम्हारी मदद नहीं करता है ?
Doesn't Deepak always help you ?

जवाब ५. नहीं, वो हमेशा मेरी मदद नहीं करता है ।
No, he doesn't help me always.

Ex. Fill in the blanks & Write the answers :-

Q.1.	Do you like cars ?	क्या तुम्हें गाड़ियाँ पसन्द है ?	Ans :- Yes, I love sports cars.
Q.2.	Do you want money ?	क्या तुम दौलत चाहते हो ?	Ans :- Yes, every one wants money.
Q.3.	Do you go to .... ?	क्या तुम .... जाते हो ?	Ans :- ....
Q.4.	Do you feel .... ?	क्या तुम .... महसूस करते हो ?	Ans :- ....
Q.5.	Do you remember .... ?	क्या तुम्हें .... याद है ?	Ans :- ....
Q.6.	Do you understand .... ?	क्या तुम ....समझते हो ?	Ans :- ....
Q.7.	Do you know .... ?	क्या तुम .... जानते हो ?	Ans :- ....
Q.8.	Do you need .... ?	क्या तुम्हें .... की ज़रूरत है ?	Ans :- ....
Q.9.	Does he learn .... ?	क्या वह .... सीखता है ?	Ans :- ....
Q.10.	Does she write .... ?	क्या वह .... लिखती है ?	Ans :- ....

(C) Simple Past

I- Sub + V2 + Obj. किया, की, देखा, देखी
II- Sub + didn't + V1 + Obj. किया नहीं, नहीं की, नहीं देखा, नहीं देखी
III - Obj + was/were + V3 + by the Sub. किया गया, हुआ Obj+ was not / were not + V3 - नहीं किया गया
V.- Did + Sub. + V1 + Obj ? क्या ऐसा किया ? Didn't + Sub. + V1 + Obj ? - क्या ऐसा नहीं किया ?

1. Ravi ate on time.
रवि एट ओन टाइम
रवि ने खाना समय पर खाया ।

   Ravi did not eat.
   रवि डिड नॉट ईट
   रवि ने खाना नहीं खाया ।

   Did Ravi eat ?
   डिड रवि ईट ?
   क्या रवि ने खाना खाया ?

2. Sheela ate rice.
शीला एट राइस
शीला ने चावल खाये ।

   Sheela did not eat.
   शीला डिड नॉट ईट
   शीला ने खाना नहीं खाया ।

   Did Sheela eat ?
   डिड शीला ईट ?
   क्या शीला ने खाना खाया ?

3. I gave a watch.
आए गेव अ वॉच
मैने एक घड़ी दि ।

   I did not give.
   आए डिड नॉट गिव
   मैने नहीं दिया ।

   Did I give ?
   डिड आए गिव ?
   क्या मैने दिया ?

4. We gave a money.
वी गेव मनी
हमने पैसे दिये ।

   We did not give.
   वी डिड नॉट गिव
   हमने नहीं दिया ।

   Didn't we give ?
   डिडिन्ट वी गिव ?
   क्या हमने नहीं दिया?

5. They ran a mile.
दे रेन अ माइल
वे एक माइल भागे ।

   They did not run.
   दे डिड नॉट रन
   वे नहीं भागे ।

   Didn't they run ?
   डिडिन्ट दे रन ?
   क्या वे नहीं भागे ?

6. You bought fruits.
यू बॉट फ्रूट्स
तुमने फल खरीदे ।

   You did not buy fruits.
   यू डिड नॉट बाय फ्रूट्स
   तुमने फल नहीं खरीदा ।

   Didn't you buy fruits ?
   डिडिन्ट यू बाय फ्रूट्स ?
   क्या तुमने फल नहीं खरीदा ?

Conversations

1. Did you learn the lesson ?
क्या तुमने अपना पाठ याद किया ?
   (learn, leant). Yes, I learnt my lesson.
   हां, मैने अपना पाठ याद किया ।

2. Did the boys fly kites yesterday ?
कया लड़को ने कल पतंग उड़ाई ?
   (fly, flew, flown). No, the boys did not fly the kites yesterday.
   नहीं, लड़को ने कल पतंगे नहीं उड़ायी ।

3. Did that boy see the theif ?
क्या उस लड़के ने चोर को देखा ?
   (see, saw, seen) Yes, that boy saw the thief. (थीफ)
   हां, उस लड़के ने चोर को देखा ।

4. Didn't I remind you about the bill ?
क्या मैनें बिल के बारे में याद नहीं दिलाया ?
   (remind, reminded). No, you didn't remind me about the bill.
   (रिमाईंड,) नहीं, तुमने मुझे बिल के बारे में याद नहीं दिलाया ।

5. Did you win the game ?
क्या तुम खेल जीत गये ?
   (lose, lost). No, we lost the game.
   नहीं, हम खेल में हार गये ।

Ex. Write the answers to the questions below :-

Eg : Did you go to school ? क्या तुम विद्यालय गए ? Ans :- Yes, I went to school.

1. Did you go to .... ? क्या तुम .... गए ? Ans :- ....
2. Did you give the amount ? क्या तुमने रकम दिया ? Ans :- No, I forgot.
3. Did you write .... ? क्या तुमने .... लिखा ? Ans :- ....
4. Did you attend .... ? क्या तुमने .... भाग लिया ? Ans :- ....
5. Did you finish .... ? क्या तुमने .... खत्म किया ? Ans :- ....
6. Did you buy .... ? क्या तुमने .... खरीदा ? Ans :- ....
7. Did he come .... ? क्या वह .... आया ? Ans :- ....
8. Did she lie .... ? क्या उसने .... झूठ कहा ? Ans :- ....
9. Did they invite .... ? क्या उन्होनें .... बुलाया ? Ans :- ....
10. Did the police catch .... ? क्या पुलिस ने .... पकड़ा ? Ans :- ....
11. Did the team win .... ? क्या टीम .... जीत गई ? Ans :- ....

(D) Present Perfect

(a) Sub (He, She, It) + Has + V3 + Obj.   किया हैल कर चुके हैल कर लिया है ।

(b) I, We, You, They + Have + V3 + Obj.   किया है, कर चुके है, कर लिया है ।

(c) He, She, It + Has not + V3 + Obj.   नहीं किया है, नहीं कर चुके है, नहीं कर लिया है ।

(d) I, We, You, They + Havenot + V3 + Obj.   नही किया है, नहीं कर चुके है, नहीं कर लिया है ।

(e) Obj + has/have+ been + V3 + by the sub.   किया गया है, किया जा चुका है, कर लिया गया है ।

(f) Has / Have + Sub + V3 + Obj ?   क्या ऐसा किया है ? क्या ऐसा कर चुके है ?, क्या ऐसा कर लिया है ?

1. We have eaten our lunch.
   वी हैव ईटन आर लंच
   हमने खाना खा लिया है ।

   We have not eaten.
   वी हैव नॉट ईटन
   हमने खाना नहीं खाया है ।

   Have we eaten ?
   हैव वी ईटन ?
   क्या हमने खाना खा लिया है ?

2. She has left for pilgrimage.
   शी हैज़ लेफ्ट फोर पीलग्रीमेज़
   वह यात्रा के लिए निकल चुकी है ।

   She has not left.
   शी हैज़ नॉट लॉफ्ट
   वह नहीं निकली है ।

   Has she left ?
   हैज़ शी लॉफ्ट ?
   क्या वह निकल चुकी है ?

3. I have played football.
   आय हैव प्लेड फूटबोल
   मैं फूटबोल खेल चुका हूँ ।

   I have not played.
   आय हैव नॉट प्लेड
   मैने नहीं खेला है ।

   Have I played ?
   हैव आय प्लेड ?
   क्या मैने खेला है ?

4. They have bought fruits.
   दे हैव बॉट फ़्रुट्स
   वे फ़्रुट्स खरीद चुके है ।

   They have not bought.
   दे हैव नॉट बॉट
   वे नहीं खरीदे है ।

   Have they bought ?
   हैव दे बॉट ?
   क्या वे खरीद चुके है ?

5. My group has sung this song.
   माए ग्रुप हैज़ संग दिस सोन्ग
   मेरे समूह ने यह गाना गाया है ।

   My group has not sung this song.
   माए ग्रुप हैज़ नॉट संग दिस सॉन्ग
   मेरे समूह ने यह गाना नही गाया है ।

   Hasn't my group sung this song ?
   हैज़न्ट माए ग्रुप संग दिस सॉन्ग ?
   क्या मेरे समूह ने यह गाना नहीं गाया है ?

Conversations : - Have /has + Sub. + V3 + Obj. ? / Wh + Have / Has + sub. + V3 + Obj. ?

1. Have you given the work ?
   क्या तुमने काम दे दिया है ?
   Ans. Yes, I have given.
   हां मैनें दे दिया है।

2. Have you corrected the answer ?
   क्या तुमने उत्तर सही कर लिया है ?
   Ans. No I haven't corrected the answer.
   नहीं मैंने जवाब को नहीं सुधारा है ।

3. Have you received my message ?
   क्या तुमने मेरा संदेश प्राप्त कर लिया है ?
   Ans. Yes, I have received your message just now.
   हां मैने अभी तुम्हारा संदेश प्राप्त किया है ।

4. Have you increased the volume ?
   क्या तुमने आवाज़ बढ़ाई है ?
   Ans. No, not at all. I haven't done so.
   नही, बिलकुल नहीं । मैने ऐसा नहीं किया है ।

5. What have you gained from this course ?
   तुमने इस कोर्स से क्या लाभ लिया है ?
   Ans. I have gained a lot of knowledge & confidence from this course.
   मैने बहुत सारा ज्ञान और आत्म विश्वास जीता है ईस कोर्स से ।

Conversation in of completed activity :

इस वार्तालाप को देखें, जिसमें एक पति अपनी पत्नी से पूछ रहा है कि उसने क्या – क्या काम कर लिए है । पत्नी के उत्तरो पर भी ध्यान दें । वे yes / no (हाँ / ना) में है ।

Samar : Have you ironed my shirt, Deepa ? I'm getting late for office.

समर : क्या तुमने मेरी कमीज़ इस्त्री कर दी है, दीपा ? मुझे ऑफिस के लिए देरी हो रही है ।

Deepa : Yes, I have Samar. It is on the bed.

दीपा : हाँ, मैनें कर लिया है । वह बिस्तर पर है ।

Samar : And have you prepared tea for me ?

समर : और क्या तुमने मेरे लिए चाय बना ली है ?

Deepa : No, I haven't Samar, I have just returned.

दीपा : नहीं, मैनें नहीं किया है समर । मै अभी ही लौटी हूँ ।

Samar : Has Anushka gone to school ?

समर : क्या अनुष्का विद्यालय जा चुकी है ?

Deepa : Yes, she has gone.
I have just dropped her at the bus stop.
I have prepared the breakfast also. Come soon.

दीपा : हाँ, वह जा चुकी है ।
मै अभी उसे बस स्टॉप पर छोड़कर आई हूँ ।
मैनें नाश्ता भी बना लिया है । जल्दी आओ ।

(E) Past Perfect

Sub + had + V3 + Obj.	किया था / कर लिया था / कर चुके थे।
Sub + had + not + V3 + Obj.	नहीं किया था / नहीं कर लिया था / नहीं कर चुके थे।
Obj. + had + been + V3 + by the Sub.	किया गया था / कर लिया गया था / किया जा चुका था।
Had + Sub + V3 + Obj.	क्या ऐसा किया था ? क्या ऐसा कर चुके थे ? क्या ऐसा कर लिया था ?

1. We had eaten Mangoes.
   वी हैड ईटन मेंगोज़
   हमने आम खा लिये थे।

   We had not eaten.
   वी हैड नॉट ईटन
   हमने खाना नहीं खाया था।

   Had we eaten ?
   हैड वी ईटन
   क्या हमने खाना खा लिया था ?

2. She had reached Pune.
   शी हैड रीच्ड पूणे
   वह पूणे पहुँच चुकी थी।

   She had not reached Pune.
   शी हैड नॉट रीच्ड
   वह नहीं पहुँची थी।

   Had she reached Pune ?
   हैड शी रीच्ड ?
   क्या वह पहुँच चुकी थी ?

3. I had played chess.
   आए हैड प्लेड चेस
   मै चेस खेल चुका था।

   I had not played chess.
   आए हैड नॉट प्लेड चेस
   मै चेस नही खेल चुका था।

   Had I played chess ?
   हैड आए प्लेड चेस ?
   क्या मै चेस खेल चुका था ?

4. They had sold the books.
   दे हैड सोल्ड द बुक्स
   उन्होंने किताबें बेची थी।

   They had not sold the books.
   दे हैड नॉट सोल्ड द बुक्स
   उन्होने किताबें नहीं बेची थी।

   Had they sold the books ?
   हैड दे सोल्ड द बुक्स ?
   क्या उन्होंने किताबे बेची थी ?

5. The company had ordered.
   द कंपनी हैड ऑर्डरड
   कंपनी ने ऑर्डर दिया था।

   The company had not ordered.
   द कंपनी हैड नॉट ऑर्डरड
   कंपनी ने ऑर्डर नहीं दिया था।

   Had the company ordered ?
   हैड द कम्पनी ऑर्डरड ?
   क्या कंपनी ने ऑर्डर दिया था ?

Compare the tenses :

1. Had you gone there ?
   क्या तुम वहाँ गए थे ?

   Have you gone there ?
   क्या तुम वहाँ गए हो ?

   Did you go there ?
   क्या तुम वहाँ गए ?

2. Had you decided ?
   क्या तुमने तय किया था ?

   Have you decided ?
   क्या तुमने तय किया है ?

   Did you decide ?
   क्या तुमने तय किया ?

3. Where had the patient taken treatment from ?
   मरीज़ ने ईलाज कहाँ से लिया था ?

   Where has the patient taken treatment from ?
   मरीज़ ने ईलाज कहाँ से लिया है ?

   Where did the patient take treatment from ?
   मरीज़ ने ईलाज कहाँ से लिया ?

4. Had you packed your bag ?
   क्या तुमने अपना बस्ता बांध दिया था ?

   Have you packed you bag ?
   क्या तुमने अपना बस्ता बांध दिया है ?

   Did you pack your bag ?
   क्या तुमने अपना बसता बांधा ?

5. When had they purchased it ?
   उन्होंने कब खरीदा था ?

   When have they purchased it ?
   उन्होंने कब खरीदा है ?

   When did they purchase ?
   उन्होंने कब खरीदा ?

Conversations

१. वे क्या खरीद चुके थे ?
   What had they purchased ?

जवाब. वे कपड़े खरीद चुके थे।
   They had purchased clothes.

२. डाकिया ने क्या पहुँचाया था ?
   What had the postman delivered ?

जवाब. डाकिया ने पार्सल पहुँचाया था।
   The postman had delivered the parcel.

३. बच्चे को क्या हुआ था ?
   What had happened to the child ?

जवाब. बच्चा पहले माले से गिर गया था।
   The child had fallen from the 1st floor.

(F) Present Continuous

I. Sub + is/am/are+Ving + Obj. कर रहे है / कर रही है / कर रहा है

II. Sub + is/am/are+not + Ving + Obj. नहीं कर रहे है / नहीं कर रही है / नहीं कर रहा है

III. Obj + is/am/are + being + V3 + by the Sub. किया जा रहा है नहीं किया जा रहा है

IV. Is/Am/Are +Sub+Ving+Obj? क्या ऐसा कर रहे है ?

1. I am reading a book.
आए ऐम रीडिंग अ बुक
मैं एक किताब पढ़ रहा हूँ।

   I am not reading.
आए ऐम नॉट रीडिंग
मैं नहीं पढ़ रहा हूँ।

   Am I reading ?
ऐम आए रीडिंग ?
क्या मैं पढ़ रहा हूँ ?

2. We are reading loudly.
वी आर रीडिंग लाऊडली
हम ज़ोर से पढ़ रहे हैं।

   We are not reading loudly.
वी आ नॉट रीडिंग लाऊडली
हम ज़ोर से नहीं पढ़ रहे है।

   Aren't we reading loudly ?
आरन्ट वी रीडिंग लाऊडली ?
क्या हम ज़ोर से नहीं पढ़ रहे है ?

3. You are crying.
यू आर क्राईंग
तुम रो रहे हो।

   You are not crying.
यू आर नॉट क्राईंग
तुम नहीं रो रहे हो।

   Are you crying ?
आर यू क्राईंग ?
क्या तुम रो रहे हो ?

4. She is singing nicely.
शी इज़ सिंगिंग नाईस्ली
वह अच्छे से गा रही है।

   She is not singing nicely.
शी इज़ नॉट सिंगिंग नाईस्ली
वह अच्छे से नहीं गा रही है।

   Isn't she singing nicely ?
इज़न्ट शी सिंगिंग नाईस्ली?
क्या वह अच्छे से नहीं गा रही है ?

5. He is flying a kite.
ही इज़ फ्लाईंग अ काईट
वह पतंग उड़ा रहा है।

   He is not flying a kite.
ही इज़ नॉट फ्लाईंग अ काईट
वह पतंग नहीं उड़ा रहा है।

   Is he flying a kite ?
इज़ ही फ्लाईंग अ काईट ?
क्या वह पतंग उड़ा रहा है ?

Conversations

१. क्या तुम आराम कर रहे हो ?
Are you relaxing ?

जवाब. नहीं, मैं एक किताब पढ़ रहा हूँ।
No, I am reading a book.

२. क्या तुम पूना मे रह रहे हो ?
Are you staying in Pune ?

जवाब. हां , मैं पूना में रह रहा हूँ।
Yes, I am staying in Pune .

३. क्या टीम खेल शुरु कर रही है ?
Is the team starting the game ?

जवाब. नहीं, टीम खेल नहीं शुरू कर रही है।
No, the team is not starting the game.

४. क्या वह समय पर दवाई नहीं ले रही है ?
Isn't she taking medicine on time ?

जवाब. हां, वह औषधि समय पर नहीं ले रही है।
Yes, she is not taking the medicine on time.

५. क्या मैं सही पाठ नहीं पढ़ रहा हूँ ?
Am I not reading the right lesson ?

जवाब. नही, तुम गलत पाठ पढ़ रहे हो।
No, you are reading the wrong lesson.

अब इन वाक्यो को देखे। ये ऐसे काम बताते हैं जो बोलने के समय के आसपास हो रहे है। या ऐसे कार्मों को बताते है जो वर्तमान समय के अस्थाई कार्य है।

1. They are not attending the training these days.
वे आजकल प्रशिक्षण में नही आ रहे हैं।

2. I am staying in a guest house for a week.
मैं एक अतिथि घर में एक हफ्ते से रह रहा हूँ।

3. Meena is teaching Rahul. He is learning fast.
मीना राहुल को पढ़ा रही है। वह तेज़ी से सीख रहा है।

4. Seema is exercising everyday. Her weight is increasing. She is taking yoga classes. Doctor are giving her a special diet.
सीमा रोज़ व्यायाम कर रही है। उसका वज़न बढ़ रहा है। वह योग की कक्षाओ में जा रही है। चिकित्सक उसे विशेष भोजन दे रहे है।

5. Chikki is preparing for his class twelve exam. He is taking tuition for Maths and Physics. He is studying Chemistry at Career Point. His parents are spending a lot of money.
चिक्की कक्षा बारहवीं की परीक्षा की तैयारी कर रहा है। वह गणित और भौतिकी की ट्यूशन ले रहा है। वह रसायनशाब्र कैरियर पॉइंट पर पढ़ रहा है। उसके माता – पिता बहुत सारा पैसा खर्च कर रहे है।

Ex: आप ऐसे ही वर्तमान समय में चल रहे कार्यों के बारे में बताओ।

(G) Past Continuous

Sub + was/were + Ving + Obj.　　　　कर रहे थे / कर रही थी / कर रहा था
Sub + was/were + not + Ving + Obj.　नहीं कर रहे थे / नहीं कर रही थी / नहीं कर रहा था
Obj. + was/were + being + V3 + by the Sub.　किया जा रहा था　　- नहीं किया जा रहा था
was/were + Sub + Ving + Obj. ?　　क्या ऐसा कर रहे थे ?

1. I was reading a book.
आए वॉज़ रीडिंग अ बूक
मैं एक किताब पढ़ रहा था ।

   I was not reading .
आए वॉज़ नॉट रीडिंग
मैं नहीं पढ़ रहा था ।

   Was I reading ?
वॉज़ आए रीडिंग ?
क्या मैं पढ़ रहा था ?

2. We were reading loudly.
वी वर रीडिंग लाऊडली
हम ज़ोर से पढ़ रहे थे ।

   We were not reading loudly.
वी वर नॉट रीडिंग लाऊडली
हम ज़ोर से नहीं पढ़ रहे थे ।

   Were we reading loudly ?
वर वी रीडिंग लाऊडली ?
क्या हम ज़ोर से पढ़ रहे थे ?

3. You were crying.
यू वर क्राईंग
तुम रो रहे थे ।

   You were not crying.
यू वर नॉट क्राईंग
तुम नहीं रो रहे थे ।

   Were you crying ?
वर यू क्राईंग ?
क्या तुम रो रहे थे ?

4. She was singing nicely.
शी वॉज़ सिंगिंग नाईस्ली
वह अच्छे से गा रही थी ।

   She was not singing nicely.
शी वोज़ नॉट सिंगिंग नाईस्ली
वह अच्छे से नहीं गा रही थी ।

   Wasn't she singing nicely ?
वॉज़न्ट शी सिंगिंग नाईस्ली ?
क्या वह अच्छे से नहीं गा रही थी ?

5. He was flying kite.
ही वॉज़ फ्लाईंग अ काईट
वह पतंग उड़ा रहा था ।

   He was not flying a kite.
ही वॉज़ नॉट फ्लाईंग अ काईट
वह पतंग नहीं उड़ा रहा था ।

   Was he flying a kite ?
वॉज़ ही फ्लाईंग अ काईट ?
क्या वह पतंग उड़ा रहा था ?

Conversations

Was / Were + Sub. + Ving + obj. ? Wh+Was/Were + Sub. + Ving + Obj. ?

Q.1. Was she drinking tea ?　　क्या वह चाय पी रही थी ?
Ans. Yes, she was drinking tea.　हां वो चाय पी रही थी ।

Q.2. Weren't you shouting ?　　क्या तुम चिल्ला नहीं रहे थे?
Ans. No, I wasn't shouting.　　नहीं, मैं नहीं चिल्ला रही थी ।

Q.3. Were you talking ?　　क्या तुम बात कर रहे थे ?
Ans. Yes, I was talking to my friend.　हां, मैं अपने दोस्त से बात कर रहा था ।

Q.4. Where were they waiting ?　　वे कहाँ इंतज़ार कर रहे थे ?
Ans. They were waiting at the station.　वे स्टेशन पर इन्तज़ार कर रहे थे ।

Q.5. What was he learning ?　　वह क्या पढ़ रहा था ?　　Ans_______________________

Q.6. Why wasn't she drinking tea ?　वह चाय क्यों नही पी रही थी ?　Ans_______________________

Q.7. Was the crowd shouting ?　　क्या भीड़ चिल्ला रही थी ?　　Ans_______________________

Q.8. Was Ram flying the kite ?　　क्या राम पतंग उड़ा रहा था ?　　Ans_______________________

Q.9. Weren't we helping you ?　　क्या हम तुम्हारी मदद नहीं कर रहे थे ?　Ans_______________________

Q.10. Wasn't I behaving good?　　क्या मैं अच्छा व्यवहार नहीं कर रहा था ?　Ans_______________________

Q.11. How was he playing ?　　वो कैसे खेल रहा था ?　　Ans_______________________

H - Present Perfect Continuous

Sub+ has been/have been+Ving + obj.+ Point of time-Since / Period of time-for - कुछ समय से कर रहे है।
Sub+ hasn't been/haven't been+Ving + obj.+Time - कुछ समय से नहीं कर रहे है।
Has/Have+ Sub+ been+ Ving+ obj./A.I.+Time ?- क्या ऐसा कर रहे है कुछ समय से।

1. He has been playing since morning.
ही हैज़ बीन प्लेइंग सिंस मॉर्निंग
वह सुबह से खेल रहा है ।

He has not been playing since morning.
ही हैज़ नॉट बीन प्लेइंग सिंस मॉर्निंग
वह सुबह से नहीं खेल रहा है ।

Has he been playing since morning ?
हैज़ नॉट बीन प्लेइंग सिंस मॉर्निंग
वह सुबह से नहीं खेल रहा है ।

2. You have been working since January.
यू हैव बीन वर्किंग सिंस जैनुअरी
तुम जनवरी से काम कर रहे हो।

You have not been working since January.
यू हैव नॉट बीन वर्किंग सिंस जैनुअरी
तुम जनवरी से काम नहीं कर रहे हो।

Have you been working since January ?
हैव यू बीन वर्किंग सिंस जैनुअरी ?
क्या तुम जनवरी से काम कर रहे हो।

3. We have been working since January.
वी हैव बीन वर्किंग सिंस जैनुअरी
हम जनवरी से काम कर रहे हैं।

We have not been working since January.
वी हैव नॉट बीन वर्किंग सिंस जैनुअरी
हम जनवरी से काम नहीं कर रहे हैं।

Haven't we been working since January ?
हैविन्ट वी बीन वर्किंग सिंस जैनुअरी ?
क्या हम जनवरी से काम नहीं कर रहे हैं।

4. They have been building houses for three years.
दे हैव बीन बिल्डिंग हाऊसिज़ फॉर थ्री इयर्स ।
वे तीन सालों से घर बना रहे हैं ।

They have not been building houses for three years.
वे हैव नॉट बीन बिल्डिंग हाऊसिज़ फॉर थ्री इयर्स ।
वे तीन सालों से घर नहीं बना रहे हैं ।

Have they been building houses for three years ?
हैव दे बीन बिल्डिंग हाऊसिज़ फॉर थ्री इयर्स ?
क्या वे तीन सालों से घर नहीं बना रहे हैं ?

Conversations

Practice these questions and answers: - Wh+have/has+sub.+been+Ving+obj.+since/for?

Q 1. क्या तुम दो घंटे से मेरा इंतज़ार कर रही हो ?
Have you been waiting for me for 2 hours?

Ans. हाँ, मैं दो घंटे से तुम्हारी प्रतिक्षा कर रही हूँ ।
Yes, I have been waiting for you for two hours.

Q 2. क्या सुबह से तेज़ बारिश हो रही है ?
Has it been raining heavily since morning?

Ans. नहीं, प्रातःकाल से बांदी हो रही है ।
No, it has been drizzling since morning.

Q 3. फव्वारा बहुत देर से क्यों चल रहा है ?
Why has the fountain been running for a longtime?

Ans नहीं, फव्वारा आधे घंटे से ही चल रहा है ।
No, the fountain has been running for just half an hour.

Q 4. सुधा कब से खाना बना रही है ।
Since when has Sudha been cooking food?

Ans. सुधा 10 बजे से खाना बना रही है ।
Sudha has been cooking food since 10 o'clock.

Q 5. क्या मरीज़ कुछ दिनों से दवाई नहीं ले रहा है ?
Hasn't the patient been taking medicine for few days?

Ans. हाँ, रोगी 10 दिन से औषधि नहीं खा रहा है ।
Well, the patient has not been taking medicine for the last ten days

Write the answers : -

1. क्या वह 1975 से इस नगर में रह रही है ?
Has she been living in this city since 1975 ?

----

2. तुम कब से मेरी प्रतिक्षा कर रहे हो ?
How long have you been waiting for me ?

----

3. वे वर्षों से आम कहाँ से खरीद रहे हैं ?
Where have they been purchasing mangoes since years ?

I - Past Perfect Continuous

I-Sub+ had been+Ving + Obj.+ Time(Point of time or Period of time) - कुछ समय से कर रहे थे ।
II-Sub+ hadn't been+Ving + Obj.+Time - कुछ समय से नहीं कर रहे थे।
III-Had+ Sub+ been+ Ving+ Obj.+Time ?- क्या कुछ समय से ऐसा कर रहे थे ?

1. She had been playing since morning.
   शी हैड़ बीन प्लेइंग सिंस मॉर्निंग
   वह सुबह से खेल रही थी ।

   She had not been playing since morning.
   शी हैड़ नॉट बीन प्लेइंग सिंस मॉर्निंग
   वह सुबह से नहीं खेल रही थी ।

   Had she not been playing since morning ?
   हैड़ शी बीन प्लेइंग सिंस मॉर्निंग
   क्या वह सुबह से खेल रही थी ।

2. You had been working since January.
   यू हैड बीन वर्किंग सिंस जैनुअरी
   तुम जनवरी से काम कर रहे थे।

   You had not been working since January.
   यू हैड नॉट बीन वर्किंग सिंस जैनुअरी.
   तुम जनवरी से काम नहीं कर रहे थे।

   Had you been working since January ?
   हैड यू बीन वर्किंग सिंस जैनुअरी ?
   क्या तुम जनवरी से काम कर रहे थे ?

3. We had been working since January.
   वी हैड बीन वर्किंग सिंस जैनुअरी
   हम जनवरी से काम कर रहे थे।

   We had not been working since January.
   वी हैड नॉट बीन वर्किंग सिंस जैनुअरी
   हम जनवरी से काम नहीं कर रहे थे।

   Had we been working since January ?
   हैड वी बीन वर्किंग सिंस जैनुअरी ?
   क्या हम जनवरी से काम कर रहे थे ?

4. They had been trading for three years.
   दे हैड बीन ट्रैडिंग फॉर थ्री इयर्स ।
   वे तीन साल से व्यापार कर रहे थे ।

   They had not been trading for three years.
   दे हैड नॉट बीन ट्रैडिंग फॉर थ्री इयर्स ।
   वे तीन साल से व्यापार नहीं कर रहे थे ।

   Had they been trading for three years ?
   हैड दे बीन ट्रैडिंग फॉर थ्री इयर्स ?
   क्या वे तीन साल से व्यापार कर रहे थे ?

Compare the Continuous & the Perfect Continuous:-

1. a. Are you dancing? — क्या तुम नाच रहे हो ?
   b. Have you been dancing for 3 <u>hours</u>?(आर्ज) — क्या तुम 3 घंटे से नाच रहे हो ?

2. a. Are you paying rent? — क्या तुम किराया दे रहे हो ?
   b. Have you been paying rent since April? — क्या तुम अप्रेल से किराया दे रहे हो ?

3. a. Is she waiting here? — क्या वह यहाँ इंतजार कर रहीं है ?
   b. Has she been waiting here since 2 p.m? — क्या वह दो बजे से यहाँ इंतज़ार कर रही है ?

4. a. Was he working in this office? — क्या वह इस कार्यालय मे काम कर रहा था ?
   b. Had he been working in this office for 11 years? — क्या, वह इस कार्यालय मे ग्यारह साल से काम कर रहा था ?
   Ans. Yes, he had been working here for 11 years. — हां, वो ग्यारह वर्षों से यहाँ कार्य कर रहा था ।

5. a. Were you <u>suffering</u> from pain? (सफ्रिंग) — क्या तुम दर्द से पीड़ित थे ?
   b. Had you been suffering from pain since last night? — क्या तुम पिछली रात से दर्द से पीड़ित थे ?
   Ans. Yes, I had been suffering all night with severe pain. — हाँ, मैं तेज़ दर्द से रात भर पीडित था ।

6. a. Was the teacher teaching English? — क्या अध्यापक अंग्रेज़ी पढ़ रहे थे ?
   b. Had the teacher been teaching English since a week? — क्या अध्यापिका एक हफ्ते से अंग्रेज़ी पढा रही थी ?

7. Had they been serving food to people since a longtime? — क्या वे काफी समय से लोगो को खाना खिला रहे थे ?
   Ans. No, they had been serving food to people only for few years. — वे कुछ वर्षों से ही लोग को खाना खिला रहे थे ।

8. <u>Since when</u> had Rita been reparing the vehicle? — रीटा गाड़ी कब से ठीक कर रही थी ?
   Ans. Rita had been repairing the vehicle for 3 hours. — रीटा गाड़ी को 3 घण्टे से मरम्मत कर रही थी ।

(J) Simple Future Tense

I - Sub + will / shall + V1 + Obj.   करेंगे / करेगी / करेगा

II - Sub + will / shall + not + V1 + Obj.   नहीं करेंगे / नहीं करेगी / नहीं करेगा

III - Obj. + will / shall be + V3 + by the sub. किया जायेगा   not - नहीं किया जायेगा

IV - Will+sub+V1+Obj? क्या ऐसा करोगे ?/ Shall + Sub + V1 + Obj क्या ऐसा करूँ / करे ? (will & shall के प्रश्न विभिन्न होते है)

1. It (E-mail) will go.
   इट विल गो
   ई-मेल जाएगा

   It will not go.
   इट विल नॉट गो
   ई-मेल नहीं जाएगा ।

   Will it go ?
   बिल इट गो ?
   क्या ई-मेल जाएगा ?

2. She will go to Bombay.
   शी विल गो टू बोम्बे
   वह बोम्बे जाएगी

   She will not go
   शी विल नॉट गो
   वह नहीं जाएगी ।

   Will she go ?
   विल शी गो ?
   क्या वह जाएगी ?

3. My father will go to America.
   माए फादर विल गो टू अमेरिका
   मेरे पिताजी अमेरिका जाएँगे ।

   My father will not go.
   माए फादर विल नॉट गो
   मेरे पिताजी नहीं जाएँगे ।

   Will my father go ?
   विल माए फादर गो ?
   क्या मेरे पिताजी जाएँगे ?

4. We will learn English
   वी विल लर्न ईंग्लीश
   हम अंग्रेज़ी सीखेंगे ।

   We will not learn.
   वी विल नॉट लर्न
   हम नहीं सीखेंगे ।

   Shall we learn ?
   शॅल वी लर्न ?
   क्या तुम पढ़ोगे ?

5. You will study Maths.
   यू विल स्टडी मेथ्स
   तुम गणित पढ़ोगे ।

   You will not study.
   यू विल नॉट स्टडी
   तुम नही पढ़ोगे ।

   Will you study ?
   विल यू स्टडी ?
   क्या तुम पढ़ोगे ?

6. Students will practice singing.
   स्टूडिन्ट्स विल प्रैक्टिस सिंगिंग
   विद्यार्थी गानेका अभ्यास करेंगे ।

   Students will not practice.
   स्टूडिन्ट्स विल नॉट प्रैक्टिस
   विद्यार्थी अभ्यास नहीं करेंगे ।

   Shall the students practice ?
   शॅल द स्टूडिन्ट्स प्रैक्टिस ?
   क्या विद्यार्थी अभ्यास करेंगे ?

7. Sita will travel tomorrow.
   सीता विल ट्रैविल टूमोरो
   सीता कल यात्रा करेगी ।

   Sita will not travel.
   सीता विल नोट ट्रैविल
   सीता यात्रा नही करेगी ।

   Will Sita travel ?
   विल सीता ट्रैविल ?
   क्या सीता यात्रा करेगी ?

8.. I will become a pilot.
   आए विल बिकम अ पाएलट
   मैं विमान चालक बनूँगा ।

   I will not become a pilot.
   आए विल नॉट बिकम अ पाएलट
   मैं विमान चालक नहीं बनूँगा ।

   Shall I become a pilot ?
   शॅल आए बिकम अ पाएलट ?
   क्या मैं विमान चालक बनूँ ?

Conversations

1A. Will you come to my house ?
   क्या तुम मेरे घर आओगे ?
   Yes, I will come to your house.
   हाँ, मैं तुम्हारे घर पर आऊंगा ।

1B. Shall I come to your house ?
   क्या मैं तुम्हारे घर आउँ ?
   Yeah sure.. why not ?
   हां, बेशक । क्यों नही ?

2A. Will Ram declare the results ?
   क्या, राम परिणम घोषित करेंगा ?
   Yes, Ram will declare the results.
   हां, राम परिणम घोषित करेगा ।

2B. Shall Ram declare the results today?
   क्या राम आज परिणम घोषित करेंगा ?
   No, not now.
   नहीं, अभी नहीं ।

3A. Will you drop me home ?
   क्या आप मुझे घर पर छोड़ देंगे ?
   Yes, I will drop you home.
   हां, मैं तुम्हे घर छोड़ दूंगा ।

3B. Shall I drop you to house ?
   क्या मैं तुम्हें घर छोड़ दूँ ?
   No, my father will come.
   नहीं, मेरे पिताजी आएँगे ।

4A. Shall the waiter serve the food ?
   क्या वेटर भोजन परोस दे ?
   Yes, he may do it.
   हां, वह कर दे ।

4B. Will the host serve the food ?
   क्या मेज़बान भोजन परोसेंगे ?
   No, the waiters will serve the food.
   नहीं, वेटर भोजन परोसेंगे ।

(K) MODALS

1. Can
I- Sub + can + v1 + obj. कर सकते है / कर सकती है / कर सकता है ।
II - Sub + can + not + v1 + obj. नहीं कर सकते है / नहीं कर सकती है / नहीं कर सकता है ।
III - Obj. + can be + v3 + by the sub किया जा सकता है । cannot be नहीं किया जा सकता है ।
IV - Can + Sub + V1 + Obj ? क्या ऐसा कर सकते है ?

2. Should
I - Sub + should + v1 + obj. करना चाहिये ।
II - Sub + should + not + v1 + obj. नहीं करना चाहिये ।
III - Obj. + should be + v3 + by the sub. किया जाना चाहिये । should not be नहीं किया जाना चाहिये ।
IV - Should + Sub + v1 + Obj. ? क्या ऐसा करना चाहिये / क्या ऐसा करे ?

3. Has to / Have to / Had to
I - Sub + has to / have to + v1 + obj. करना है / करना पड़ेगा ।
II - Sub + do not / does not / have to + v1 + obj. नहीं करना है ।
III - Obj. + has to be / have to be + v3 + by the Sub. किया जाना है ।
    don't have to be / doesn't have to be नहीं किया जाना है ।
IV - Do / Does + Sub + have to + v1 + obj.? क्या ऐसा करना है ?
V - Sub + had to + v1 + Obj. करना पड़ा ।
VI - Sub + did not + have to + v1 + obj. नहीं करना पड़ा ।
VII - Did + sub + have to + v1 + obj. ? क्या ऐसा करना पड़ा ?

4. Must
I- Sub + must + v1 + obj. करना ही चाहिये ।
II - Sub + must not + v1 + obj. नहीं करना चाहिये ।
III- Obj. + must be + v3 + by the sub किया जाना चाहिये ।   must not be नहीं किया जाना चाहिये ।
IV - Must + Sub + v1 + obj. ?क्या ऐसा करना ही चाहिये ?

5. Could
I- Sub + could + v1 + obj. कर सकते थे / कर सकती थी / कर सकता था / कर सकें ।
II - Sub + could not + v1 + obj. नहीं कर सकते थे / नहीं कर सकती थी / नहीं कर सकता था ।
III- Obj. + could be + v3 + by the sub किया जा सकता था । could not be   नहीं किया जा सकता था ।
IV - could + Sub + v1 + obj. ? क्या ऐसा कर सकते थे / (एक विनम्र निवेदन) क्या ऐसा कर सकते हो ?

6. Want
I- Sub + want + to + v1 + obj. करना चाहते है ।
II - Sub + don't / doesn't + want to + v1 + obj. नहीं करना चाहते है ।
III- Obj. + wanted to + v1 + by the sub करना चाहते थे ।
IV - Sub + did not + want to + v1 + obj नहीं करना चाहते थे ।

7. Need
I- Sub + need to + v1 + obj.   करने की ज़रुरत है ।
II - Sub + don't / doesn't + need to + v1 + obj. करने की ज़रुरत नहीं है ।
III- Obj. + needed to + v1 + obj.   करने की ज़रुरत थी ।
IV - Sub + did not + need to + v1 + obj. करने की ज़रुरत नहीं थी ।

8. May / Might
I- Sub + may + to + v1 + obj. शायद ऐसा करेंगे ।
II - Sub + might + v1 + obj. शायद ही ऐसा करेंगे ।
III- May + sub + v1 + obj. ?क्या में ऐसा करूँ ? अनुमति प्राप्त करने के लिए ।

9. Would / Used to
I - Sub + would / used to + v1 + obj. करते थे । / करती थी / करता था ।
II - Sub + would not / didn't used to + v1 + obj. नहीं करते थे । / नहीं करती थी / नहीं करता था ।
III - Obj. + would be / used to be + v3 + by the sub. किया जाता था । would not be / didn't use to be नही किया जाता था ।
IV - Subject + would be + Noun / Adjective / preposition हुआ करता था / हुआ करते थे ।
V - Would + Sub + v1 + obj ?क्या ऐसा करते थे ? Did + Sub + use to + v1 + Objक्या ऐसा करते थे ?
VI - Would you like to + v1 + obj ? क्या आप ऐसा करना पसंद करेंगे ? (किसी को प्रस्ताव देना हो या विनम्रतापूर्वक निमंत्रण देने के लिए)

1. You could drive. / You could not drive. / Could you drive ?
यु कुड ड्राइव / यु कुड नॉट ड्राइव / कुड यू ड्राइव ?
तुम चला सकते थे । / तुम चला नहीं सकते थे । / क्या तुम चला सकते थे ?

2. You must share. / You must not share. / Must you share ?
यु मस्ट शेयर / यू मस्ट नॉट शेयर / मस्ट यू शेयर ?
तुम्हें आपस में बाँटना ही चाहिए । / तुम्हें आपस में नहीं बाँटना चाहिए । / क्या तुम्हें बाँटना ही चाहिए ?

3. Ravi may teach. / Ravi may not teach. / May Ravi teach ?
रवि मे टीच / रवि मे नॉट टीच / मे रवि टीच ?
रवि शायद पढ़ाएगा । / रवि शायद नहीं पढ़ाएगा । / क्या रवि पढ़ाए ? (एक निवेदन)

4. We would reach on time / We would not reach on time. / Would we reach on time ?
वी वुड रीच ऑन टाइम / वी वुड नॉट रीच ऑन टाइम / वुड वी रीच ऑन टाइम ?
हम समय पर पहुँचते थे । / हम समय पर नहीं पहुँचते थे । / क्या हम समय पर पहुँचते थे ?

5. We used to reach early. / We didn't use to reach early. / Didn't we use to reach early?
वी यूज़्ड तू रीच अर्ली / वी डिडन्ट यूज़ तू रीच अर्ली / डिडन्ट वी यूज़ तू रीच अर्ली ?
हम जल्दी पहुँचते थे । / हम जल्दी नहीं पहुँचते थे । / क्या हम जल्दी नहीं पहुँचते थे ?

6. Everyone wants money. / Everyone dost not want money.. / Does everyone want money?
ऐवरीवन वॉन्ट्स मनी / ऐवरीवन डज़ नॉट वॉन्ट मनी / डज़ ऐवरीवन वॉन्ट मनी ?
हर एक पैसा चाहता है । / हर एक पैसा नहीं चाहता है । / क्या हर एक पैसा चाहता है ?

7. Ali needs peace. / Ali does not need peace. / Doesn't Ali need peace ?
अली नीड्स पीस / अली डज़ नॉट नीड पीस / डज़न्ट अली नीड पीस ?
अली को शांति की ज़रुरत है । / अली को शांति की ज़रुरत नहीं है । / क्या अली को शांति की ज़रुरत नहीं है ।

8. Children need to learn. / Children don't need to learn / Do the children need to learn?
चिल्ड्रन नीड तू लर्न / चिल्ड्रन डोन्ट नीड तू लर्न / डू द चिल्ड्रन नीड तू लर्न ?
बच्चों को सीखने की ज़रुरत है । / बच्चों को सीखने की ज़रुरत नहीं है । / क्या बच्चों को सीखने की ज़रुरत है ?

Practice these sentences :

१. रातको वर्षा हो सकती है । — It can rain at night.
२. हमें उनकी शर्तें माननी पड़ी । — We had to agree to their terms.
३. मैं शायद विरोध करुँगी । — I may oppose.
४. हम अपने मित्रो को पत्र लिखते थे । — We used to write letters to our friends.
५. हम अच्छे खिलाड़ी नहीं बन सकते है । — We cannot become good players.
६. तुम्हें आज ही फैसला लेना है । — You have to decide today itself.
७. तुम्हें पैसा नहीं भरना है । — You don't have to deposit the money.
८. हमें कपड़े धूप में सुखाने चाहिये ताकि वह अच्छी तरह सूख जाएँ । — We should dry the clothes in the sun so that they get dried properly.
९. हमें हमेशा अच्छे लोगों की तारीफ करनी चाहिये । — We should always praise good people.
१०. हमें रोज़ रात को १२ बजे तक पढ़ना चाहिये । — We should always study till midnight.
११. भारतीय क्रिकेट टीम को इस मैच को जीतना चाहिये । — The Indian cricket team should win this match.
१२. सानिया मिर्ज़ा को इस मैच में हारना नहीं चाहिये । — Sania Mirza should not lose this match.
१३. मुझे अपने भविष्य के बारे में सोचना चाहिये । — I should think about my future.
१४. क्या हमें रुकना है ? — Do we have to stay back ?
१५. क्या आपको वहाँ जाने की ज़रुरत है ? — Do you need to go there ?
१६. क्या बच्चे प्रतियोगिता में हिस्सा लेना चाहते है ? — Do the children want to participate in the competition ?
१७. क्या तुम ढंग से व्यवहार नहीं कर सकते हो ? — Can't you behave properly ?
१८. क्या तुम्हें सारी व्यवस्थाएँ करनी पड़ी ? — Did you have to arrange everything ?
१९. क्या लोगों को ऐसी बातों पर विश्वास करना ही चाहिए ? — Must the people believe all this ?
२०. क्या कमेटी को इस बात पर झगड़ना चाहिए ? — Should the committee quarrel on this matter ?
२१. क्या कम्पनी अभी मुझे मेरा पैसा लौटा सकती है ? — Can the company refund me my money now ?

Tenses Summary. (A) Tenses Chart

Section A-1. Simple Past	2. Present Perfect	3. Past Perfect
Sub + V2 + Obj.+ A.I. किया। Sub + didn't+V1 + Obj. +A.I. नहीं किया।	Sub + has / have + V3 + Obj. किया है, कर चुके है, कर लिया है । Sub + has / have+ not + V3 + Obj. नहीं किया है ।	Sub + had + V3 + Obj. किया था, कर लिया था / कर चुके थे । Sub + hadn't + V3 + Obj. नहीं किया था ।

Section B- 4. Simple Present	5. Would/Used to
I, We, You, They + V1 + Obj. ऐसा करते है । He, She, It + V1 (s, es) करता है / करती है । I, We, You, They + don't+V1 +Obj. ऐसा नहीं करते है। He, She, It + doesn't+V1 नहीं करता है/नहीं करती है ।	Sub + would / used to + V1 + Obj. ऐसा करते थे / करती थी / करता था । Sub + would not / didn't use to +V1 + Obj. नहीं रते थे / नहीं करती थी / नहीं करता था ।

Section C- 6. Present Continuous	7. Past Continuous
Sub + is / am / are + Ving + Obj. कर रहे है। Sub+ is/am/are+not+Ving+Obj. नहीं कर रहे है।	Sub + was / were + Ving + Obj. कर रहे थे। Sub + was / were + not + Ving + Obj. नहीं कर रहे थे।

Section D- 8. Present Perfect Continuous	9. Past Perfect Continuous
Sub+ has been/have been+Ving + Obj.+since /for कुछ समय से कर रहे है । Sub+ hasn't been/haven't been+Ving+ Obj.+since/for कुछ समय से नहीं कर रहे है ।	Sub + had been+Ving + Obj.+since/for कुछ समय से कर रहे थे । Sub + hadn't been+Ving + Obj. +since/for कुछ समय से नहीं कर रहे थे ।

Section E-10. Simple Future Tense	11. Need /Want
Sub + will / shall + V1 +Obj.- करेंगे / करेगी / करेगा । Sub + will / shall + not + V1 + Obj.- नहीं करेंगे ।	Sub + need + to + V1 + Obj. /करनें की जरुरत है। Sub + want + to + VI + Obj. / करना चाहते है ।

Section F-12. Should	13. Must
Sub + should + V1 + Obj. करना चाहिए ।	Sub + must + V1+ Obj. करना ही चाहिए ।

Section G-14. Have to /Has to	15. Had to
Sub + has to / have to + V1+ Obj. करना है ।	Sub + had to + V1+ Obj. करना पडा ।

Section H-16. May	17. Might
Sub + may+ V1+ Obj. शायद करेंगे ।	Sub + might+VI+Obj. शायद ही करेंगे ।

Section I-18. Can	19. Could
Sub + can+ V1+ Obj. कर सकते है ।	Sub + could+ V1+ Obj. कर सकते थे ।

Section J- 20. Directives	
V1 + Object........करो / देखो, जाओ, लो, दो, पड़ो । Don't + VI + Object........मत करो ।	★ ★ ★ ★ ★

(B) Tenses Chart Sentences

Section A-
Formula 1. <u>You gave me</u> Rs. 10,000/- yesterday आपने मुझे कल 10000 रु <u>दिये</u> ।
Formula 2. <u>You have given</u> Rs. 20,000/- to me till now. आपने मुझे अभी तक 20000 रु <u>दिये हैं</u> ।
Formula 3. Last month also <u>you had given</u> only Rs. 10,000/- to me.
आपने मुझे पिछले महीने भी 10000 रु ही <u>दिये थे</u> ।।

Section B-
Formula 4. Now a days <u>we wash</u> our clothes in washing machine. आजकल हम वाशिंग मशीन में कपड़े <u>धोते हैं</u> ।
Formula 5. <u>People used to wash</u> their clothes manually at the river bank in olden times.
पहले ज़माने में <u>लोग</u> नदी किनारे हाथों से कपडे <u>धोते थे</u> ।

Section C-
Formula 6. <u>Some labourers</u> are repairing our street's road. <u>कुछ मजदूर</u> हमारे गली की सड़क की <u>मरम्मत कर रहे हैं</u> ।
Formula 7. <u>These labourers</u> <u>were repairing</u> the road of Indira Nagar yesterday.
ये <u>मजदूर</u> कल इंदिरा नगर में सडक <u>मरम्मत कर रहे थे</u> ।

Section D-
Formula 8. <u>I have been studying science</u> since morning. मैं सुबह से विज्ञान <u>पढ रहा हूँ</u> ।
Formula 9. **So what?** Even <u>I had been studying</u> since morning during my exams.
तो क्या ? मैं भी तो परिक्षा में सुबह <u>से पढ रही थी</u> ।

Section E- <u>I shall</u> go to Europe next year. मैं अगले वर्ष यूरोप <u>जाऊँगा</u> ।
Formula 10. <u>I will</u> go to Europe next year. मैं अगले वर्ष यॉरोप <u>जाऊँगा</u> । (intention) मंशा
Formula 11. (a) <u>I need to go</u> for my work. मुझे मेरे काम के कारण <u>जाने की जरुरत है</u> ।
(b) <u>I want to go</u> to London. मैं लंदन <u>जाना चाहती हूँ</u> ।

Section F-
Formula 12. <u>You should work</u> carefully. तुम्हें सावधानी से <u>काम करना चाहिए</u> । (Advice)
Formula 13. <u>They must make</u> arrangements for your safety. <u>उन्हें</u> तुम्हारी सुरक्षा की व्यवस्था <u>करनी ही चाहिए</u>।
Compulsion

Section G-
Formula 14. <u>You have to admit</u> your mistake. <u>तुम्हें</u> अपनी गलती <u>माननी हैं</u> ।
Formula 15. <u>He had to regret</u> on his decision. <u>उसे</u> अपने फैसले पर <u>पछताना पडा</u> ।

Section H-
Formula 16. <u>Children may understand</u> this point. <u>बच्चे शायद</u> इस बात को <u>समझे</u> ।
Formula 17. <u>Some parents might understand</u> this point. <u>कुछ अभिभावक शायद ही</u> इस बात को <u>समझे</u> ।

Section I-
Formula 18. <u>I can achieve</u> this target this month. मैं इस माह यह लक्ष्य <u>प्राप्त कर सकती हूँ</u> ।
Formula 19. <u>You could achieve</u> the target last month itself. <u>आप</u> पिछले माह ही लक्ष्य <u>प्राप्त कर सकते थे</u> ।

Section J-
Formula 20. <u>Read</u> this book daily. राज इस किताब को <u>पढ़ों</u> ।
<u>Speak</u> small-small sentences. छोटे–छोटे वाक्य <u>बोलो</u> ।
<u>Increase</u> your confidence. अपना आत्मविश्वास <u>बढ़ाओं</u> ।
<u>Make</u> your life successful. अपने जीवन को सफल <u>बनाओ</u> ।

(C) Mixed Tenses Exercise

1. Gift — में कल्पना को तोहफे मे एक घड़ी दुँगा । _______________
2. Call — आप मुझे फोन कर सकते थे । _______________
3. Talk — हमको अंग्रेजी मे बात करनी चाहिए । _______________
4. Drive — प्रीती कार चला सकती हैं । _______________
5. Give — सभी विद्यार्थी परीक्षा देगें । _______________
6. Read — सीमा को किताब पढ़नी चाहिए । _______________
7. Pay — कम्पनी अपने मज़दूरों को बोनस देगी । _______________
8. Win — भारत मैच जीत सकती है । _______________
9. Repaired — ड्राइवर ने गाड़ी की मरम्मत कर दी है । _______________
10. Consult — तुम्हे चिकित्सक को बताना चाहिए । _______________
11. आप सब कुछ जानते हैं । _______________
12. हमने कपड़ो पर पूरा पैसा खर्च कर दिया । _______________
13. एक घण्टे से नल से पानी टपक रहा है । _______________
14. मैं नाश्ता तैयार कर रही थी । _______________
15. वह कल मुझसे मिलेगा । _______________
16. मैं समय पर पहुँच जाऊँगा । _______________
17. पुलिस को चोर से पूछताछ करना चाहिए । _______________
18. सभी स्टाफ सदस्य कार्यालय से जा चुके हैं । इसलिए सभी तैयारी तुम्हें ही करनी पड़ेगी । _______________
19. हमे कार्यक्रम को ओडिटोरियम में रखना पड़ेगा, क्योंकि गार्डन में वर्षा होने की संभावना है । _______________
20. हम हर वर्ष घुमने जाया करते थे । _______________

Answwres

1. Gift : I will gift a watch to Kalpana.
2. Call : You could call me.
3. Talk : We should talk in English.
4. Drive : Preeti can drive.
5. Give : All the students will give exams.
6. Read : Seema should read the book.
7. Pay : The company will pay bonus to its labourers.
8. Win : India can win the match.
9. Repaired : The driver has repaired the car.
10. Consult : You should consult the doctor.
11. Know : You know everything.
12. Spend : We spent all the money on clothes.
13. Drip : The water has been dripping from the tap since an hour.
14. Prepare : I was preparing the breakfast.
15. Meet : He will meet me tomorrow.
16. Reach : I will reach on time.
17. Inquire : Police should inquire with the thief.
18. Leave / Do : All the staff members have left the office So you will have to do all the preparations.
19. Arrange : We have to arrange this programme in the auditorium because it may rain.
20. We used to go for outing every year.

MODULE 4 : ELEMENTS OF SPEECH

(A) VERBS क्रिया

1. Regular Verbs रेग्युलर व्हर्ब्स

(V1) रेग्युलर व्हर्ब्स	उच्चारण	हिन्दी अर्थ	Past Tense (V2)	Past Participle tense (V3)
1. Accept	ऍक्सॅप्ट (टिड)	स्वीकार करना	accepted	accepted
2. Act	ऍक्ट	अभिनय करना	acted	acted
3. Add	ऐड़	बढ़ाना / जोड़ना	added	added
4. Admire	ऍडमायर	प्रशंसा करना	admired	admired
5. Admit	ऍडमिट	सहमत होना / भर्ती	admitted	admitted
6. Adopt	अडॉप्ट	गोद लेना	adopted	adopted
7. Agree	अग्री	मानना	agreed	agreed
8. Allow	अलाओ	अनुमति देना	allowed	allowed
9. Announce	अनाउन्स	ऐलान करना	announced	announced
10. Answer	आन्सर	उत्तर देना	answered	answered
11. Apologize	अपॉलॉजाइज़	क्षमा माँगना	apologized	apologized
12. Appear	अपिअर	प्रकट होना	appeared	appeared
13. Appoint	अपॉइंट	नियुक्त करना	appointed	appointed
14. Argue	आर्ग्यू	बहस करना	argued	argued
15. Arrange	अरेंज	व्यवस्थित करना	arranged	arranged
16. Arrest	अरॅस्ट	गिरफ्तार करना	arrested	arrested
17. Arrive	अराइव्ह	आगमन	arrived	arrived
18. Attach	अटैच	जोड़ना	attached	attached
19. Attack	अटैक	आक्रमण करना	attacked	attacked
20. Attempt	अटॅम्प्ट	कोशिश करना	attempted	attempted
21. Attend	अटॅन्ड	उपस्थित होना	attended	attended
22. Avoid	अवॉइड	टालना	avoided	avoided
23. Await	अवेट	इंतज़ार करना	awaited	awaited
24. Award	अवॉर्ड	इनाम देना / सन्मान देना	awarded	awarded
25. Ban	बैन	निषेध करना	banned	banned
26. Bargain	बारगिन	मोल-भाव करना	bargained	bargained
27. Behave	बिहेव्ह	व्यवहार करना	behaved	behaved
28. Believe	बिलीव	विश्वास करना	believed	believed
29. Bless	ब्लॅस्	आशीर्वाद देना	blessed	blessed
30. Boil	बॉइल	उबालना	boiled	boiled
31. Borrow	बॉरो	उधार लेना	borrowed	borrowed
32. Bury	बरी	गाढ देना / गाढ़ना	buried	buried
33. Call	कॉल	बुलाना	called	called
34. Cancel	कैन्सिल	रद्द करना	cancelled	cancelled
35. Care	केअर	देखभाल करना	cared	cared
36. Carry	कैरी	ले जाना	carried	carried

	English	Hindi (pron.)	Meaning	Past	Past Participle
37.	Celebrate	सॅलिब्रेट (टिड)	मनाना	Celebrated	Celebrated
38.	Challenge	चैलिन्ज	चुनौती देना	Challenged	Challenged
39.	Change	चेँज	बदलना	Changed	Changed
40.	Cheat	चीट	धोखाधड़ी करना	Cheated	Cheated
41.	Check	चॅक	जाँच करना	Checked	Checked
42.	Clarify	क्लैरिफाय	स्पष्ट करना	Clarified	Clarified
43.	Clean	क्लीन	सफाई करना	Cleaned	Cleaned
44.	Clear	क्लिअर (ड)	साफ करना / हटाना	Cleared	Cleared
45.	Climb	क्लाइम्ब (ड)	चढ़ना	Climbed	Climbed
46.	Close	क्लोज़ (ड)	बंद करना	Closed	Closed
47.	Collect	कलैक्ट (टिड)	इकट्ठा करना	Collected	Collected
48.	Command	कमांड	हुक्म चलाना / देना	Commanded	Commanded
49.	Comment	कमॅन्ट	टिप्पणी करना	Commented	Commented
50.	Compare	कम्पेअर	तुलना करना	Compared	Compared
51.	Complete	कम्प्लीट	पूरा करना	Completed	Completed
52.	Confirm	कन्फर्म	पुष्टी करना	Confirmed	Confirmed
53.	Connect	कनैक्ट	जोड़ना	Connected	Connected
54.	Construct	कन्सट्रक्ट (टिड)	निर्माण करना	Constructed	Constructed
55.	Continue	कंटिन्यू	चालू रखना	Continued	Continued
56.	Control	कंट्रोल	नियंत्रण करना	Controlled	Controlled
57.	Cook	कुक	पकाना	Cooked	Cooked
58.	Copy	कॉपी	नकल करना	Copied	Copied
59.	Correct	करैक्ट (टिड)	सही करना	Corrected	Corrected
60.	Cover	कवर	ढकना	Covered	Covered
61.	Cure	क्यॉर	इलाज करना	Cured	Cured
62.	Dance	डांस	नाचना	Danced	Danced
63.	Decide	डिसाईड	निर्णय लेना	Decided	Decided
64.	Declare	डिक्लेअर (ड)	घोषित करना	Declared	Declared
65.	Decorate	डैकोरेट (टिड)	सुशोभित करना / सजाना	Decorated	Decorated
66.	Defeat	डिफीट	पराजित करना	Defeated	Defeated
67.	Demand	डिमांड	माँग करना	Demanded	Demanded
68.	Depend	डिपॅन्ड	आश्रित रहना	Depended	Depended
69.	Describe	डिस्क्राइब	वर्णन करना	Described	Described
70.	Desire	डिज़ायर	इच्छा जताना	Desired	Desired
71.	Despatch	डिस्पैच्	भेजना	Despatched	Despatched
72.	Destroy	डिस्ट्रॉय	नाश करना	Destroyed	Destroyed
73.	Devote	डिवोट	समर्पित करना	Devoted	Devoted
74.	Die	डाय	मरना	Died	Died
75.	Disappear	डिस्अपिअर	गायब होना	Disappeared	Disappeared
76.	Discuss	डिस्कस्	चर्चा करना	Discussed	Discussed
77.	Dislike	डिस्लाइक	नापसंद करना	Disliked	Disliked
78.	Distribute	डिस्ट्रिब्यूट	बाटना	Distributed	Distributed

					Divided	Divided
79.	Divide	डिवाइड	विभाजित करना		Divided	Divided
80.	Doubt	डाउट	शक करना		Doubted	Doubted
81.	Drop	ड्रॉप	छोड़ना, बूँद, गिराना		Dropped	Dropped
82.	Dry	ड्राय	सुखाना		Dried	Dried
83.	Earn	अर्न	कमाना		Earned	Earned
84.	Educate	एड्युकेट / एजुकेट	शिक्षित करना		Educated	Educated
85.	Elect	इलॅक्ट्	निर्वाचित करना		Elected	Elected
86.	Embrace	ऐम्ब्रेस	गले लगना		Embraced	Embraced
87.	Employ	ऐम्प्लॉय	नौकरी देना		Employed	Employed
88.	Enjoy	इन्जॉय	मज़ा करना		Enjoyed	Enjoyed
89.	Enquire	ऐन्क्वायर	पूछताछ करना		Enquired	Enquired
90.	Inquire	इन्क्वायर	जानकारी लेना		inquired	inquired
91.	Enter	ऐन्टर	अंदर जाना		Entered	Entered
92.	Establish	ऐस्टैब्लिश	स्थापित करना		Established	Established
93.	Exchange	ऐक्सचेंज	अदला बदली करना		Exchanged	Exchanged
94.	Excuse	ऐक्सक्यूज़	क्षमा करना		Excused	Excused
95.	Expand	ऐक्सपांड	विस्तार करना		Expanded	Expanded
96.	Expect	ऐक्सपॅक्ट्	अपेक्षा करना		Expected	Expected
97.	Experience	ऐक्सपीरिअन्स	अनुभव करना		Experienced	Experienced
98.	Explain	ऐक्सप्लेन	समझाना		Explained	Explained
99.	Export	ऐक्सपोर्ट	निर्यात करना		Exported	Exported
100.	Extend	ऐक्सटॅन्ट	बढ़ाना		Extended	Extended
101.	Fade	फेड	फीका पड़ना		Faded	Faded

2. Irregular Verbs इररेग्युलर ब्हब्र्स

इररेग्युलर ब्हब्र्स (V1)	उच्चारण	हिन्दी अर्थ	Past Tense (V2)		Past Participle tense (V3)	
1. Arise	अराइज़	उठाना	arose	अरोज़	arisen	अराइज़न
2. Build	बिल्ड	बनाना	built	बिल्ट	built	बिल्ट
3. Burn	बर्न	जलाना	burnt	बर्ट	burnt	बर्ट
4. Bend	बॅन्ड	झुकना	bent	बॅन्ट	bent	बॅन्ट
5. Bleed	ब्लीड	खून बहना	bled	बलॅड	bled	ब्लॅड
6. Bring	ब्रिंग	लाना	brought	ब्रॉट	brought	ब्रॉट
7. Become	बिकम	होना, बनना	became	बिकेम	become	बिकम
8. Be	बी	होना	was, were	वॉज़, वर	been	बीन
9. Bear	बेअर	सहन करना	bore	बोर	borne	बोर्न
10. Beat	बीट	मारना / बजाना / फैटना	beat	बीट	beaten	बीटन
11. Bite	बाईट	काटना	bit	बिट	bitten	बिटन
12. Break	ब्रेक	तोड़ना	broke	ब्रोक	broken	ब्रोकन
13. Begin	बिगिन	शुरु करना	began	बिगैन	begun	बिगन
14. Bet	बेट्	दांव लगाना	bet	बेट्	bet	बेट्
15. Bid	बिड	बोली लगाना	bid	बिड	bid	बिड

	V1			V2		V3	
16.	Burst	बर्स्ट	फूटना / फोड़ना	burst	बर्स्ट	burst	बर्स्ट
17.	Buy	बाए	खरीदना	bought	बॉट	bought	बॉट
18.	Come	कम	आना	came	केम	come	कम
19.	Catch	कैच	पकड़ना	caught	कॉट	caught	कॉट
20.	Choose	चूज़	चुनना	chose	चोज़	chosen	चोज़न
21.	Cast (Vote)	कास्ट	डालना	cast	कास्ट	cast	कास्ट
22.	Cost (R)	कॉस्ट	दाम होना	cost/costed कॉस्टेड		cost/costed कॉस्टेड	
23.	Cut	कट	काटना	cut	कट	cut	कट
24.	Dig(irregular)	डिग	खोदना	dug	डग	dug	डग
25.	Do	डू	करना	did	डिड	done	डन
26.	Dream	ड्रीम	स्वप्न	dreamt	ड्रॅम्ट्	dreamt	ड्रॅम्ट्
27.	Draw	ड्रॉ	चित्र बनाना	drew	ड्रियू	drawn	ड्रोन
28.	Drive	ड्राइव	चलाना	drove	ड्रोव	driven	ड्रिविन
29.	Drink	ड्रिंक	पीना	drank	ड्रँक	drunk	ड्रँक
30.	Eat	ईट	खाना	ate	एट	eaten	ईटन
31.	Fall	फॉल	गिरना	fell	फॅल्	fallen	फॉलन
32.	Fly	फ्लाए	उड़ना	flew	फ्ल्यू	flown	फ्लोन
33.	Forget	फॉर्गॉट / फॉर्गेट्	भूलना	forgot	फॉर्गॉट	forgotten	फॉर्गॉटन
34.	Forgive	फोर्गिव	माफ करना	forgave	फॉर्गेव	forgiven	फॉर्गिवन
35.	Fight	फाइट	लड़ना	fought	फॉट	fought	फॉट
36.	Feed	फीड	खिलाना (जानवर, बच्चों)	fed	फॅड्	fed	फॅड्
37.	Serve (R)	सर्व	परोसना / खिलाना (बड़ो को)	served	सर्वड्	served	सर्वड्
38.	Feel	फील	महसूस करना	felt	फॅल्ट	felt	फॅल्ट
39.	Find	फाइंड	ढूँढना	found	फाउन्ड	found	फाउन्ड
40.	Forbid	फॉर्बिड	रोकना	forbade	फॉर्बेड	forbidden	फॉर्बिडन
41.	Give	गिव	देना	gave	गेव	given	गिविन
42.	Grow	ग्रो	बढ़ना	grew	ग्रियू	grown	ग्रोन
43.	Get	गॅट्	पाना	got	गॉट	got	गॉट
44.	Go	गो	जाना	went	वैन्ट	gone	गॉन
45.	Hide	हाईड	छिपना	hid	हिड	hidden	हिडन
46.	Hear	हिअर	सुनना	heard	हर्ड	heard	हर्ड
47.	Hold	होल्ड	पकड़ना	held	हॅल्ड	held	हॅल्ड
48.	Hit	हिट	मारना	hit	हिट	hit	हिट
49.	Hurt	हर्ट	ज़ख्मी करना	hurt	हर्ट	hurt	हर्ट
50.	Hang	हैंग	लटकाना / टांगना	hung	हंग	hung	हंग
51.	Keep	कीप	रखना	kept	कैप्ट	kept	कैप्ट
52.	Know	नो	जानना	knew	न्यू	known	नौन
53.	Knit	निट	बुनना	knit/knitted निट		knit/knitted निट	
54	Lie	लाय	लेटना	lay	ले	lain	लेन
55.	Lie	लाय	झूठ बोलना	lied	लाइड	lied	लाइड
56.	Lay	ले	सावधानी से नीचे रखना	laid	लेड	laid	लेड
57.	Learn	लर्न	सीखना	learnt	लर्न्ट	learnt	लर्न्ट

No.	Word		Meaning	Past		Past Participle	
58.	Lose (v)	लूज़	गुम होना	lost	लोस्ट	lost	लोस्ट
	Loose (adj.)	लूज़	ढीला				
59.	Loosen	लूज़िन	ढीला करना	loosened	लूज़िन्ड	loosened	लूज़िन्ड
60.	Lead (v)	लीड	नेतृत्व करना	led	लॅड	led	लॅड
61.	Lead (n)	लॅड्	सीसा				
62.	Leave	लीव	छोड़ देना	left	लॅफ़्ट	left	लॅफ़्ट
63.	Lend	लॅन्ड	उधार देना	lent	लॅन्ट	lent	लॅन्ट
64.	Make	मेक	बनाना	made	मेड	made	मेड
65.	Mean	मीन	अर्थ होना	meant	मॅन्ट	meant	मॅन्ट
66.	Meet	मीट	मिलना	met	मॅट्	met	मॅट्
67.	Overtake	ओवरटेक	आगे पहुँचना	overtook	ओवरटुक	overtaken	ओवरटेकन
68.	Pay	पे	अदा करना	paid	पेड	paid	पेड
69.	Put	पुट	रखना	put	पुट	put	पुट
70.	Ride	राइड	सवार होना	rode	रोड	ridden	रिडन
71.	Rise	राइज़	उठना / उगना	rose	रोज़	risen	राइज़न/रिजिन
72.	Run	रन	दौड़ना	ran	रैन	run	रन
73.	Ring	रिंग	घंटी बजना	rang	रैंग	rung	रंग
74.	Wring / Squeeze	रिंग / स्कूईज़	निचोड़ना	wrang / squeezed	रैंग / स्कूईज़्ड	wrung / squeezed	रंग / स्कूईज़्ड
75.	Read	रीड	पढ़ना	read	रॅड्	read	रॅड्
76.	See	सी	देखना	saw	सॉ	seen	सीन
77.	Spill (irregular)	स्पिल	गिरा देना (तरल पदार्थ)	split	स्प्लीट	split	स्प्लीट
78.	Speak	स्पीक	बोलना	spoke	स्पोक	spoken	स्पोकन
79.	Shrink	श्रिंक	सिकुड़ना	shrank	श्रैंक	shrunk	श्रंक
80.	Sing	सिंग	गाना	sang	सैंग	sung	संग
81.	Sink/drown	सिंक	डूबना	sank/drowned	सैंक	sunk/drowned	संक
82.	Swear / Oath / pledge	स्वेअर	कसम लेना	swore	स्वोर	sworn	स्वोर्न
83.	Stand	स्टेन्ड	खड़े रहना	stood	स्टुड	stood	स्टुड
84.	Sell	सॅल्	बेचना	sold	सोल्ड	sold	सोल्ड
85.	Shine	शाइन	चमकना	shone	शोन	shone	शोन
86.	Shoot	शूट	गोली मारना / फिल्म उतारना	shot	शॉट	shot	शॉट

87. Sit	सिट	बैठना	sat	सैट्	sat	सैट्
88. Swim	स्विम	तैरना	swam	स्वैम	swum	स्वम
89. Stick	स्टिक	चिपकाना	stuck	स्टक	stuck	स्टक
90. Spend	स्पॅन्ड	खर्च करना	spent	स्पॅन्ट	spent	स्पॅन्ट
91. Sweep	स्वीप	झाड़ू लगाना	swept	स्वॅप्ट	swept	स्वॅप्ट
92. Sleep	स्लीप	सोना	slept	स्लैप्ट	slept	स्लैप्ट
93. Steal	स्टील	चोरी करना	stole	स्टोल	stolen	स्टोलन
94. Smell	स्मॅल्	सूँघना	smelt	स्मॅल्ट	smelt	स्मॅल्ट
95. Say	से	कहना	said	सॅड्	said	सॅड्
96. Set	सॅट्	जमाना	set	सॅट	set	सॅट
97. Shut	शट्	बंद करना	shut	शट्	shut	शट्
98. Spread	स्प्रॅड	फैलाना	spread	स्प्रॅड	spread	स्प्रॅड
99. Spit	स्पिट	थूकना	spat	स्पैट	spat	स्पैट
100. Take	टेक	लेना	took	टुक	taken	टेकन
101. (a) Tear (V)	टैर	फाड़ना	tore	टोर	torn	टोर्न
(b) Tear (N)	टिअर	आँसू				
102. Throw	थ्रो	फेंकना	threw	थ्रियू	thrown	थ्रोन
103. Teach	टीच	पढ़ाना	taught	टॉट	taught	टॉट
104. Tell	टॅल्	कहना	told	टोल्ड	told	टोल्ड
105. Think	थिंक	सोचना	thought	थॉट	thought	थॉट
106. Understand	अंडरस्टैन्ड	समजना	understood	अंडरस्टुड	understood	अंडरस्टुड
107. Wake	वेक	जागना	woke	वोक	waken	वोकन
108. Wear	वैर	कपड़े पहनना	wore	वोर	worn	वोर्न
109. Write	राइट	लिखना	wrote	रोट	written	रिटन
110. Win	विन	जीतना	won	वन	won	वन
111. Withdraw	विड्रॉ	निकालना	withdrew	विड्रियू	withdrawn	विड्रॉन

Module-4 FOUR FORMS OF VERBS- क्रिया

V1	V2	V3	Ving
1. Come (कम) (आना)	Came (केम) (आया)	Come (कम) (आ चुका है / था)	Coming (कमिंग) (आ रहा है / था)
2. Go (गो) (जाना)	Went (वैन्ट) (गया)	Gone (गॉन) (जा चुका है / था)	Going (गोईंग) (जा रहा है / था)
3. Take (टेक) (लेना)	Took (टुक) (लिया)	Taken (टेकन) (ले चुका है / था)	Taking (टेकिंग) (ले रहा है / था)
4. Give (गिव) (देना)	Gave (गेव) (दिया)	Given (गिवन) (दे चुका है / था)	Giving (गिविंग) (दे रहा है / था)
5. See (सी) (देखना)	Saw (सॉ) (देखा)	Seen (सीन) (देख लिया है / था)	Seeing (सीईंग) (देख रहा है / था)
6. Eat (ईट) (खाना)	Ate (एट) (खाया)	Eaten (ईटन) (खा लिया है / था)	Eating (ईटिंग) (खा रहा है / था)
7. Drink (ड्रिंक) (पीना)	Drank (ड्रैंक) (पीया)	Drunk (ड्रंक) (पी लिया है / था)	Drinking (ड्रिंकिंग) (पी रहा है / था)
8. Write (राईट) (लिखना)	Wrote (रोट) (लिखा)	Written (रिटिन) (लिख लिया है / था)	Writing (राईटिंग) (लिख रहा है / था)
9. Draw (ड्रॉ) (खींचना)	Drew (ड्रियू) (खींचा)	Drawn (ड्रॉन) (खींच लिया है / था)	Drawing (ड्रॉईंग) (खींच रहा है / था)
10. Draw (ड्रॉ) (चित्र बनाना)	Drew (ड्रियू) (चित्र बनाया)	Drawn (ड्रॉन) (चित्र बनाया है / था)	Drawing (ड्रॉईंग) (चित्र बन रहा है / था)
11. Drive (ड्राईव) (चलाना)	Drove (ड्रोव) (चलाया)	Driven (ड्रिविन) (चला लिया है / था)	Driving (ड्राइविंग) (चला रहा है / था)
12. Open (ओपन) (खोलना)	Opened (ओपन्ड) (खोला)	Opened (ओपन्ड) (खोला है / था)	Opening (ओपनिंग) (खोल रहा है / था)
13. Close (क्लोज) (बंद करना)	Closed (क्लोज्ड) (बंदकिया)	Closed (क्लोज्ड) (बंद कर लिया है / था)	Closing (क्लोज़िंग) (बंद कर रहा है / था)
14. Stop (स्टॉप) (रुकना)	Stopped (स्टॉप्ड) (रुका)	Stopped (स्टॉप्ड) (रुका दिया है / था)	Stopping (स्टॉपिंग) (रोक रहा है / था)
15. Start (स्टार्ट) (शुरु करना)	Started (स्टार्टिड) (शुरु किया)	Started (स्टार्टिड) (शुरु किया है / था)	Starting (स्टार्टिंग) (शुरु कर रहा है / था)
16. Look (लुक) (देखना)	Looked (लुक्ड) (देखा)	Looked (लुक्ड) (देखा है / था)	Looking (लुकिंग) (देखा है / था)
17. Cook (कुक) (पकाना)	Cooked (कुक्ड) (पकाया)	Cooked (कुक्ड) (पका दिया है / था)	Cooking (कुकिंग) (पका रहा है / था)
18. Clean (क्लीन) (साफ करना)	Cleaned (क्लीन्ड) (साफ किया)	Cleaned (क्लीन्ड) (साफ किया है / था)	Cleaning (क्लीनिंग) (साफ कर रहा है)
19. Change (चेंज) (बदलना)	Changed (चेंज्ड) (बदल दिया)	Changed (चेंज्ड) (बदल दिया है / था)	Changing (चेंजिंग) (बदल रहा है / था)
20. Wait (वेट) (इंतजार करना)	Waited (वेटिड) (इंतजार किया)	Waited (वेटिड) (इंतजार कर चुका / था)	Waiting (वेटिंग) (इंतजार कर रहा है / था)
21. Say (से) (कहना)	Said (सैड) (कहा)	Said (सैड) (कह चुका / था)	Saying (सेईंग) (कह रहा है / था)
22. Admit (ऍडमिट) (स्वीकार करना)	Admitted (ऍडमिटिड) (स्वीकार किया)	Admitted (ऍडमिटिड) (स्वीकार कर चुका / था)	Admitting (ऍडमिटिंग) (स्वीकार कर रहा है / था)
23. Do (डू) (करना)	Did (डिड) (किया)	Done (डन) (किया है / किया था)	Doing (डूईंग) (कर रहा है / था)
24. Forget (फॉःगॅट) (भूलना)	Forgot (फॉःगॉट) (भूला)	Forgotten (फॉःगॉटन) (भूल चुका / था)	Forgetting (फॉःगॉटिंग) (भूल रहा है / था)
25. Break (ब्रेक) (तोडना)	Broke (ब्रोक) (तोड़ा)	Broken (ब्रोकन) (तोड चुका है / था)	Breaking (ब्रेकिंग) (तोड रहा है / था)
26. Make (मेक) (बनाना)	Made (मेड) (बनाया)	Made (मेड) (बना चुका है / था)	Making (मेकिंग) (बना रहा है / था)
27. Bring (ब्रिंग) (लाना)	Brought (ब्रॉट) (लाया)	Brought (ब्रॉट) (ला चुका है / था)	Bringing (ब्रिंगिंग) (ला रहा है / था)
28. Catch (कैच) (पकडना)	Caught (कॉट) (पकडा)	Caught (कॉट) (पकड़ चुका है / था)	Catching (कैचिंग) (पकड़ रहा है / था)
29. Teach (टिच) (पढ़ाना)	Taught (टॉट) (पढ़ाया)	Taught (टॉट) (पढ़ा चुका है / था)	Teaching (टीचिंग) (पढ़ा रहा है / था)
30. Fight (फाईट) (लड़ना)	Fought (फॉट) (लड़ा)	Fought (फॉट) (लड़ चुका है / था)	Fighting (फाइटिंग) (लड़ रहा है / था)
31. Sleep (स्लीप) (सोना)	Slept (स्लॅप्ट) (सोया)	Slept (स्लॅप्ट) (सो गया है / था)	Sleeping (स्लीपिंग) (सो रहा है / था)

32. Keep (कीप) (रखना)	Kept (केप्ट) (रखा)	Kept (केप्ट) (रख चुका है)	Keeping (कीपींग) (रख रहा है)
33. Use (यूज़) (उपयोग करना)	Used (यूज्ड़) (उपयोग किया)	Used (यूज्ड़) (उपयोग कर लिया है)	Using (यूजिंग) (उपयोग कर रहा है)
34. Help (हैल्प) (मदद करना)	Helped (हैल्पड़) (मदद की)	Helped (हैल्ड) (मदद कर चुके है)	Helping (हैल्पिंग) (मदद कर रहा है)
35. Play (प्ले) (खेलना)	Played (प्लेड) (खेला)	Played (प्लेड) (खेल चुका है)	Playing (प्लेईंग) (खेल रहा है)
36. Jump (जम्प) (कूदना)	Jumped (जम्ड) (कूदा)	Jumped (जम्ड) (कूद चुका है)	Jumping (जम्पिंग) (कूद रहा है)
37. Walk (वॉक) (चलना)	Walked (वॉक्ड) (चला)	Walked (वॉक्ड) (चल चुका है)	Walking (वॉकिंग) (चल रहा है)
38. Talk (टॉक) (बात करना)	Talk (टॉक्ड) (बात की)	Talked (टॉक्ड) (बात कर चुका है)	Talking (टॉकिंग) (बात कर रहा है)
39. Ask (आस्क) (पूछना)	Asked (आस्क्ड) (पूछा)	Asked (आस्क्ड) (पूछ चुका है)	Asking (आस्किंग) (पूछ रहा है)
40. Answer (आन्सर) (उत्तर देना)	Answered (आन्सर्ड) (उत्तर दिया)	Answered (आन्सर्ड) (उत्तर दे चुका है / था)	Answering (आन्सरिंग) (उत्तर दे रहा है / था)
41. Lock (लॉक)(ताला लगाना)	Locked (लॉक्ड)(ताला लगाया)	Locked (लॉक्ड)(ताला लगा चुके है)	Locking (लॉकिंग)(ताला लगा रहा है)
42. Fly (फ़्लाए) (उड़ना / उड़ाना)	Flew (फ़्ल्यू) (उड़ा / उड़ाया)	Flown (फ़्लोन) (उड़ चुका / उड़ाचुका)	Flying (फ़्लाईंग) (उड़ / उड़ा रहा है)
43. Grow (ग्रो) (उगना / उगाना / बढ़ना)	Grew (ग्रियू) (उगा / उगाया / बढ़ा)	Grown (ग्रोन) (उग चुका / उगा चुका / बढ़ चुका है)	Growing (ग्रोईंग) (उग / उगा / बढ़ रहा है)
44. Sit (सिट) (बैठना)	Sat (सैट) (बैठा)	Sat (सैट) (बैठ चुका है)	Sitting (सिटिंग) (बैठ रहा है)
45. Stand (स्टैण्ड) (खड़े होना)	Stood (स्टुड) (खड़ा हुआ)	Stood (स्टुड) (खड़ा हो चुका है)	Standing (स्टैण्डिंग) (खड़ा हो रहा है)
46. Buy (बाए) (खरीदना)	Bought (बॉट) (खरीदा)	Bought (बॉट) (खरीद चुका है)	Buying (बाईंग) (खरीद रहा है)
47. Sell (सॅल) (बेचना)	Sold (सोल्ड) (बेचा)	Sold (सोल्ड) (बेच चुका है)	Selling (सॅलिंग) (बेच रहा है)
48. Get (गॅट) (प्राप्त करना)	Got (गॉट) (प्राप्त किया)	Got (गॉट) (प्राप्त किया है)	Getting (गॉटिंग) (प्राप्त कर रहा है)
49. Run (रन)(दौड़ना)	Ran (रैन)(दौड़ा)	Run (रन)(दौड़ चुका है)	Running (रनिंग)(दौड़ रहा है)
50. Put (पुट) (रखना)	Put (पुट) (रखा)	Put (पुट) (रख दिया है / था)	Putting (पुटिंग) (रख रहा है)
51. Think (थिंक) (सोचना)	Thought (थॉट) (सोचा)	Thought (थॉट) (सोच चुका है)	Thinking (थिंकिंग) (सोच रहा है)
52. Wash (वॉश) (धोना)	Washed (वॉश्ड) (धोया)	Washed (वॉश्ड) (धो चुका है)	Washing (वॉशिंग) (धो रहा है)
53. Read (रीड) (पढ़ना)	Read (रीड) (पढ़ा)	Read (रॅड) (पढ़ लिया है)	Reading (रीडिंग) (पढ़ रहा है)
54. Meet (मीट) (मिलना)	Met (मॅट) (मिला)	Met (मॅट) (मिल लिया है)	Meeting (मीटिंग) (मिल रहा है)
55. Send (सॅन्ड) (भेजना)	Sent (सॅन्ट) (भेजा)	Sent (सॅन्ट) (भेजा है)	Sending (सॅन्डिंग) (भेज रहा है)
56. Push (पुश) (धक्का देना)	Pushed (पुश्ड) (धक्का दिया)	Pushed (पुश्ड) (धक्का दे दिया है)	Pushing (पुशिंग) (धक्का दे रहा है)
57. Pull (पुल) (खींचना)	Pulled (पुल्ड) (खींचा)	Pulled (पुल्ड) (खींचा है / था)	Pulling (पुलिंग) (खींच रहा है)
58. Save (सेव) (बचाना)	Saved (सेव्ड) (बचाया)	Saved (सेव्ड) (बचा लिया है / था)	Saving (सेविंग) (बचा रहा है)
59. Join (जॉईन) (जुड़ना)	Joined (जॉईन्ड) (जोड़ा)	Joined (जॉईन्ड)(जोड़ दिया है / था)	Joining (जॉईनिंग) (जोड़ रहा है)
60. Turn (टर्न) (मोड़ना)	Turned (टर्न्ड) (मोड़ा)	Turned (टर्न्ड) (मोड़ चुका है / था)	Turning (टर्निंग) (मोड रहा है)

(B) NOUNS नाऊन्स (संज्ञा)

1. Collective nouns/ समूहवाचक संज्ञा

English	Hindi (pronunciation)	Hindi (meaning)
1. An Army of Soldiers	ऐन आर्मी ऑफ सोल्जर्स ।	सैनिकों की सेना ।
2. A Bunch of Keys	ए बन्च ऑफ कीज़ ।	चाबियों का गुच्छा ।
3. A Brood of Chickens	अ ब्रूड ऑफ चिकिन्स ।	मुर्गी के बच्चों का झुण्ड (समुह)
4. A Bouquet of Flowers	अ बुके ऑफ फ्लार्स ।	फूलों का गुलदस्ता ।(बुके)
5. A Bundle of Sticks	अ बन्डल ऑफ स्टिक्स ।	लकड़ियों का गट्ठा ।
6. A Class of Students	अ क्लास ऑफ स्टुडिन्ट्स	विद्यार्थियों की कक्षा ।
7. A Clump of Trees	अ क्लम्प ऑफ ट्रीज़ ।	पेड़ों का झुण्ड ।
8. A Crowd of People	अ क्राउड ऑफ पीपल	लोगों की भीड़ ।
9. A Flight of Birds	अ फ्लाईट ऑफ बर्ड्स	पक्षियों का झुण्ड ।
10. A Library of Books	अ लाईब्रेरी ऑफ बुक्स	किताबों का पुस्तकालय ।

2. Noun Number

Singular / एक वचन			Plural / बहु वचन		Singular / एक वचन			Plural / बहु वचन	
1. Boy	बॉए	लड़का	Boys	बॉईज़	12. Wife	वाईफ	पत्नी	Wives	वाईव्ज़
2. Pen	पॅन्	कलम	Pens	पॅन्स	13. Knife	नाईफ	चाकू	Knives	नाईव्ज़
3. Cow	काऊ	गाय	Cows	काऊस	14. Duty	ड्यूटी	कर्तव्य	Duties	ड्यूटीज़
4. Watch	वॉच	घड़ी	Watches	वॉचिस	15. Holiday	हॉलीडे	छुट्टी का दिन	Holidays	हॉलीडेज़
5. Box	बॉक्स	संदूक	Boxes	बॉक्सिस	16. Mango	मैंगो	आम	Mangoes	मैंगोज़
6. Son	सन	बेटा	Sons	सन्स	17. Mosquito	मॉस्कीटो	मच्छर	Mosquitoes	मॉस्कीटोज़
7. Daughter	डॉटर	बेटी	Daughters	डॉटर्स	18. Woman	वुमन	औरत	Women	विमिन
8. Baby	बेबी	बच्ची	Babies	बेबीज़	19.Sheep	शीप	भेड़	Sheep	शीप
9. City	सिटी	नगर	Cities	सिटीज़	20. Deer	डियर	हिरन	Deer	डियर
10. Army	आर्मी	सेना	Armies	आर्मीज़	21. Child	चाईल्ड	बच्चा	Children	चिल्ड्रन
11. Thief	थीफ	चोर	Thieves	थीव्ज़	22. Person	पर्सन	व्यक्ति	Persons	पर्सन्स

3. Noun /Gender

Masculine / पुलिंग			Feminine / स्त्रिलिंग		
1. God	गॉड	देवता	Goddess	गॉडॅस्	देवी
2. Bachelor	बैचलर	कुँवारा, अविवाहित	Maid or Spinster	मेड और स्पिन्स्टर	कुँआरी /अविवाहित स्त्री
3. Boy	बॉए	लड़का	Girl	गर्ल	लड़की
4. Buck, Deer	बक, डियर	हिरन	Doe	डॉ	हिरनी
5. Bull	बुल	सांड	Cow	काउ	गाय
6. Cock	कॉक्	मुर्गा	Hen	हॅन्	मुर्गी
7. Colt	कॉल्ट	घोडे का बछड़ा	Filly	फिली	बछड़ी (घोडे की)
8. Dog	डॉग	कुत्ता	Bitch	बिच्	कुत्तिाया
9. Drone	ड्रोन	नर मधुमक्खी	Bee	बी	मधुमक्खी
10. Father	फादर	पिता	Mother	मदर	माता
11. Gentleman	जॅन्टलमैन	भद्र पुरुष	Lady	लेडी	भद्र महिला
12. Horse	हॉर्स	घोड़ा	Mare	मेर	घोड़ी
13. Husband	हज़बिन्ड	पति	Wife	वाइफ	पत्नी
14. King	किंग	राजा	Queen	क्वीन	रानी
15. Lord	लॉर्ड	सामन्त	Lady	लेडी	उच्च वर्ग की महिला
16. Man	मैन	पुरुष	Woman	वुमन	औरत
17. Nephew	नॅफ्यु	भतीजा, भान्जा	Niece	नीस	भतीजी, भान्जी
18. Sir	सर	महोदय, श्रीमान्	Ma'am	मैम	महोदया
19. Son	सन	पुत्र	Daughter	डॉटर	पुत्री
20. Uncle	अंकल	चाचा / मामा / फुफा	Aunt	आंट	चाची / मामी / फुफी
21. Wizard	विज़ार्ड	जादूगर	Witch	विच्	जादूगरनी
22. Author	ऑथर	लेखक	Authoress	ऑथरिस	लेखिका

23. Heir	एअर	उत्तराधिकारी	Heiress	एअरिस	उत्तराधिकारिणी
24. Host	होस्ट	अतिथि सत्कार करनेवाला	Hostess	होस्टिस	अतिथि सत्कार करनेवाली
25. Lion	लायन	शेर	Lioness	लायनिस	शेरनी
26. Poet	पोएट	कवि	Poetess	पोएटिस	कवियत्रि
27. Actor	ऐक्टर	अभिनेता	Actress	ऐक्ट्रिस	अभिनेत्री
28. Emperor	ऍम्प्रर	सम्राट / महाराज	Empress	ऍम्प्रिस	महारानी
29. Prince	प्रिन्स	राजकुमार	Princess	प्रिन्सैस	राजकुमारी
30. Tiger	टाइगर	बाघ	Tigress	टाइगरिस	बाघिन
31. Master	मास्टर	मालिक	Mistress	मिस्ट्रिस	मालकिन
32. Hero	हीरो	नायक	Heroine	हीरोइन	नायिका
33. Fox	फॉक्स	लोमड़ी	Vixen	विक्सन	लोमड़ी
34. Bull-Calf	बुल–काफ	गाय का बछड़ा(पुल्लिंग)	Cow-calf	काउ–काफ	गाय का बछड़ा(स्त्रीलिंग)
35. Cock-Sparrow	कॉक–स्पैरो	नर चिड़ा	Hen-Sparrow	हॅन–स्पैरो	मादा चिड़िया
36. Man-Servant	मैन सरविन्ट	नौकर (आदमी)	Maid-Servant	मैड सरविन्ट	नौकरानी
37. Grand-father	ग्रैन्ड फादर	दादा / नाना	Grand-mother	ग्रैन्ड मदर	दादी / नानी
38. Land-lord	लैण्ड लॉर्ड	जमींदार	Land-lady	लैण्ड लेडी	जमींदारनी
39. Pea-cock	पीकॉक	मोर	Pea-hen	पी–हॅन	मोरनी
40. Washer-man	वॉशर मैन	धोबी	Washer-woman	वॉशर वुमन	धोबिन

(C) ADJECTIVES ऍड्जैक्टिव्ज (विशेषण)

Degrees: POSITIVE	COMPARATIVE	THE SUPERLATIVE	RELATED NOUNS
अच्छा	बेहतर THAN	सबसे अच्छा	सबंधित संज्ञा
1. Happy- हैप्पी–खुश	Happier than–हैप्पीयर	Happiest –हैप्पीयिस्ट	Happy birth day – जन्मदिन
2. Busy- बिजी–व्यस्त	Busier than–बिज़ीयर	Busiest – बिज़ीयिस्ट	Busy hours – घण्टे / वक्त
3. Old - ओल्ड–वृध्द, बूढ़ा	Older–ओल्डर	Oldest – ओल्डिस्ट	Old man – आदमी
4. Lucky–लक्की –खुशकिस्मत	Luckier –लक्कीयर	Luckiest –लक्कीयिस्ट	Lucky guy – लड़का
5. Cloudy–क्लाउडी–बादल से भरा	Cloudier–क्लाउडीयर	Cloudiest –क्लाउडीयिस्ट	Cloudy weather – मौसम
6. Small–स्मॉल–छोटा	Smaller–स्मॉलर	Smallest –स्मॉलिस्ट	Small building – ईमारत
7. Cheap–चीप–सस्ता	Cheaper–चीपर	Cheapest –चीपिस्ट	Cheap shoes – जूते
8. Heavy–हैवी–भारी	Heavier–हैवीयर	Heaviest –हैवीयिस्ट	Heavy heart/ food – मन / खाना
9. Lovely–लवली–प्यारा	Lovelier–लवलीयर	Loveliest–लवलीयिस्ट	Lovely friend – दोस्त
10. Empty–ऍम्प्टी–खाली	Emptier–ऍम्प्टीयर	Emptiest –ऍम्प्टीयिस्ट	Empty mind – दिमाग
11. Easy–इज़ी–सरल	Easier–इज़ीयर	Easiest –इजीयिस्ट	Easy subject – विषय
12. Healthy–हैल्दी–स्वस्थ	Healthier–हैल्दीयर	Healthiest–हैल्दीयिस्ट	Healthy way – तरीका
13. Long–लॉन्ग–लम्बा	Longer–लॉन्गर	Longest –लॉन्गिस्ट	Long hair – बाल
14. Deep–डीप–गहरा	Deeper–डीपर	Deepest –डीपिस्ट	Deep water – पानी
15. Beautiful–ब्यूटीफुल–सुन्दर	More beautiful मोर ब्युटिफुल	Most beautiful – मोस्ट ब्युटिफुल	Beautiful girl – लड़की
16. Bad–बैड्–बुरा	Worse–वर्स	Worst–वर्स्ट	Bad boy – लड़का
17. Cold–कोल्ड–ठण्डा	Colder–कोल्डर	Coldest–कोल्डिस्ट	Cold water – पानी
18. Great–ग्रेट–महान	Greater–ग्रेटर	Greatest–ग्रेटिस्ट	Greatest event – कार्यक्रम
19. Near–नीयर–पास	Nearer–नीयरर	Nearest –नीयरिस्ट	Nearest house – घर
20. Hard–हार्ड–सख्त	Harder–हार्डर	Hardest–हार्डिस्ट	Hard surface – सतह

21. Narrow –नैरो–सकड़ा	Narrower –नेरोयर	Narrowest –नैरायिस्ट	Narrow road – रास्ता
22. Light–लाइट–हल्का	Lighter–लाईटर	Lightest–लाइटिस्ट	Light weight –वज़न
23. Cruel–क्रुइल–निर्दयी	Crueller–क्रुइलर	Cruellest–क्रुइलिस्ट	Cruel Emperor –महाराजा
24. Idle–आइडिल–आलसी	Idler–आइडिलर	Idlest–आइडिलिस्ट	Idle person –व्यक्ति
25. Good–गुड–अच्छा	Better–बैटर	Best–बेस्ट	Good boy –लड़का
26. Gentle–जेन्टिल–सौम्य	Gentler–जैन्टलर	Gentlest–जैन्टलिस्ट	Gentle breeze–मंद पवन
27. Hot–हॉट–गर्म	Hotter–हॉटर	Hottest–हॉटिस्ट	Hot milk –मील्क
28 Loud–लाउड–बुलंद	Louder–लाउडर	Loudest–लाउडिस्ट	Loud music –संगीत
29. Dry–ड्राए–सूखा	Drier–ड्रायर	Driest–ड्रायिस्ट	Dry lips – होंठ
30. Honest–ऑनिस्ट–ईमानदार	More Honest–मोरऑनिस्ट	Most Honest–मोस्ट ऑनिस्ट	Honest person –व्यक्ति
31. Evil–ईविल–बुरा	More Evil–मोर ईविल	Most Evil–मोस्ट ईविल	Evil thoughts –ख्याल
32. Little–लिटिल–थोड़ा	Less–लेंस	Least–लीस्ट	Little water–पानी
33. Much–मच–ज़्यादा	More–मोर	Most–मोस्ट	Much noise –आवाज
34. Young–यंग–जवान / छोटा	Younger–यंगर	Youngest–यंगीस्ट	Younger brother –छोटा भाई
35. Slow–स्लो–धीमा	Slower–स्लोअर	Slowest–स्लोयिस्ट	Slow tortoise – कछुआं

Note: Comparative degree के बाद 'than' आता है और Superlative degree के पहले 'the' आता है ।

(D) PREPOSITIONS - प्रेपोज़िशन

Section A

1. <u>In</u> का प्रयोग किया जाता है ।

   (i) निश्चित स्थान के भीतर किसी वस्तु की स्थिर अवस्था को प्रकट करने के लिए, जैसे :–

      * He is <u>in</u> the room, वह कमरे में है ।

      * He is <u>in</u> tension, वह चिंता में है ।

      * There is a little water <u>in</u> the jug. जग में थोड़ा सा पानी है ।

      * (in a plane, in a car, in a train, in a bus, etc.)

   (ii) बड़े बड़े नगरों, प्रान्तों एवं देशों के साथ, जैसे –

      * Vinod lives <u>in</u> Delhi. विनोद दिल्ली में रहता है ।

      * He was born <u>in</u> Punjab. वह पंजाब में पैदा हुआ ।

   (iii) कुछ देर चलने वाले काल के लिए जैसे :– (Year and month)

      * India became free <u>in</u> 1947. भारत 1947 में आजाद हुआ ।

      * He was born <u>in</u> August. वह अगस्त में पैदा हुआ ।

      * (in summer, in winter, in the evening, in the afternoon, etc.)

   (iv) उस समय के लिए जब कोई काम समाप्त होगा, जैसे -

      * The train will reach Ambala <u>in</u> three hours. रेल अम्बाला तीन घंटे में पहुँचेगी ।

   (v) स्थिति और संदर्भ को प्रकट करने के लिए, जैसे :–

      * He was born <u>in</u> poverty. (पॉवर्टी / गरीबी) वह गरीबी में पैदा हुआ ।

      * <u>In</u> my opinion, (ओपीनियन / राय) she can not pass, मेरी राय में वह पास नहीं हो सकती है ।

2. **At** का प्रयोग किया जाता है ।

   (i) निश्चित समय और स्थिति के साथ, जैसे : - (Exact time, festivals......)

      * Our school starts <u>at</u> 7 a.m . हमारा स्कूल सुबह 7 बजे शुरु होता है ।

      * My father is <u>at</u> home, मेरे पिताजी घर पर है ।

* I am <u>at</u> your disposal/service. (डिस्पोजल / सेवा) मैं अपकी सेवा के लिए हाज़िर हूँ ।

* She was married <u>at</u> the age of twenty. उसकी शादी बीस साल की उम्र में हो गई थी ।

* She was waiting <u>at</u> the station. वह स्टेशन <u>पर</u> इंतजार कर रही थी ।

(ii) बस्ती और सार्वजनिक स्थलों के साथ जैसे : –

* He is <u>at</u> the airport. वह हवाई अड्डे पर है ।

* The programme is at Raza Colony. कार्यक्रम रज़ा कॉलोनी में है ।

(iii) उस बड़े नगर के साथ जहाँ कुछ देर ठहरना हो, जैसे :-

* On my way to Agra, I shall stay at Delhi. आगरा जाते वक्त मैं दिल्ली <u>में</u> ठहरुँगा ।

(iv) Noon, Night, Dawn (डॉन / भोर) Dusk (डस्क / संध्या) के साथ, जैसे : –

* When do you go to bed <u>at</u> night ? तुम रात को सोने कब जाते हो ?

* She comes here <u>at</u> noon. वह यहाँ दोपहर <u>में</u> आती है ।

(v) Rate बताने के लिए, जैसे :–

* Mangoes are selling <u>at</u> thirty rupees a kilo. आम तीस रुपये किलो के भाव <u>से</u> बिक रहे है ।

3. <u>On</u> का प्रयोग किया जाता है ।

(i) दिन व दिनांक के साथ, जैसेः – (Day and date)

* I shall go to Delhi <u>on</u> Monday. मैं सोमवार को दिल्ली जाऊँगा ।

* India became free <u>on</u> 15th August, 1947. भारत 15 अगस्त, 1947 <u>को</u> आजाद हुआ ।

(ii) किसी वस्तु की स्थिति को स्पष्ट करने के लिए जैसे :–

* Mr. V. P. Gupta has written a book <u>on</u> grammar. श्रीमान वी.पी.गुप्ता ने व्याकरण <u>पर</u> पुस्तक लिखी है ।

(iii) ऊपर (नीचे वाली वस्तु को छूने की अवस्था में) जैसे :–

* She is sitting <u>on</u> the floor. वह ज़मीन <u>पर</u> बैठी है ।

* The book is lying (लाईंग / पड़ी हुई) <u>on</u> the table. पुस्तक मेज़ <u>पर</u> पड़ी है ।

4. <u>To</u> का प्रयोग किया जाता है ।

(i) एक स्थान से दूसरे स्थान पर जाने के लिए, जैसे : –

* I go <u>to</u> temple everyday. मै रोज मंदिर जाता हूँ ॥

* She came <u>to</u> my house yesterday. (यॅस्टरडे / बीता हुआ कल) वह कल मेरे घर आई थी।

(ii) दो क्रियाओं को जोड़ने के लिए – Verb+to+V1

* I <u>want</u> to <u>drink</u> a cup of tea. मैं एक कप चाय पीना चाहती हूँ ।

* I am <u>going</u> to <u>play.</u> मैं खेलने जा रहा हूँ ।

(iii) समय बताने के लिए, जैसे : –

* It is ten <u>to</u> ten. अभी दस बजने <u>में</u> दस मिनट बाकी है ।

* It is five minutes to three. अभी तीन बजने <u>में</u> पाँच मिनट बाकी है ।

5. <u>By</u> का प्रयोग किया जाता है ।

(i) किसी व्यक्ति (doer) के द्वारा, जैसे : –

* The boy was punished <u>by</u> the teacher. लड़के को अध्यापक <u>द्वारा</u> दण्ड दिया गया ।

(ii) घडी के साथ, जैसे : –

* It is two by my watch. मेरी घड़ी <u>में</u> दो बजे है ।

(iii) उस समय के साथ जब कोई काम समाप्त होना है, जैसे : –

* He will finish this work <u>by</u> 5.30 this evening. (वह यह काम आज शाम साढ़े पाँच बजे <u>तक</u> खत्म कर देगा ।

(iv) Action के रूप में प्रकट करने के लिए, जैसे : –

* He caught me <u>by</u> the neck. उसने मुझे गले <u>से</u> पकड़ लिया ।

* Cloth is sold <u>by</u> the metre. कपड़ा मीटर के हिसाब <u>से</u> बेचा जाता है ।

* He paid the money <u>by</u> cheque in installments. (इन्स्टॉलमॅन्ट्स / किश्त) उसने किश्तों में पैसे चुकाए।

(by train, by car, by bus, by land, by sea, by air) द्वारा

6. <u>With</u> का प्रयोग किया जाता है ।

(i) संगति की अवस्था में,, जैसे: –

* She went to Delhi <u>with</u> her mother. वह दिल्ली अपनी माँ के <u>साथ</u> गई ।

(ii) Manner बताना के लिए जैसे :–

* The teacher punished (पनिश्ड / सज़ा देना) the boy <u>with</u> a stick.
अध्यापक ने लड़के को डंडे <u>से</u> पीटकर सज़ा दी ।

* The <u>soldiers</u> fought <u>with</u> courage. (सैनिक बहादुरी <u>से</u> लड़े । (सोलजर्ज)

7. <u>Of</u> का प्रयोग किया जाता है ।

(i) संबंध को प्रकट करने के लिए, जैसे : –

* Mrs. Vimla Kapoor is the principal <u>of</u> this school. श्रीमती विमला कपूर इस विद्यालय <u>की</u> प्रधानाचार्या है ।

(ii) गुण अथवा कारण को प्रकट करने के लिए, जैसे :–

* He is a man <u>of</u> high character, वह उच्च चरित्र <u>का</u> व्यक्ति है ।

* She died <u>of</u> cholera. वह हैज़े <u>के</u> कारण मर गई ।

8. <u>From</u> का प्रयोग किया जाता है ।

(i) किसी स्थान से, जैसे : –

* She came back <u>from</u> Chandigarh. वह चंड़ीगढ़ <u>से</u> वापस आ गई ।

(ii) Point of time के साथ, जैसे : –

* He plays <u>from</u> morning till evening. वह सुबह <u>से</u> शाम तक खेलता है ।

* You should start this work from tomorrow. तुम्हें यह काम कल से शुरु करना चाहिए ।

(iii) Source को प्रकट करने के लिए, जैसे :–

* Light comes <u>from</u> the Sun रोशनी सूरज <u>से</u> आती है ।

* These lines are taken from the poem, 'The Cloud'. यह पंक्तियां 'द क्लाउड' नामक कविता से ली गई है।

* This is a quotation (कोटेशन / कहावत) from Tulsi. यह तुलसी से ली गई कहावत है।

9. Since- Point of Time में निश्चित समय के साथ, जैसे: – ।

* I have known him <u>since</u> 1975. मैं उसे 1975 <u>से</u> जानता हूँ।

* I have been teaching in this school <u>since</u> last July. मैं पिछली जुलाई <u>से</u> इस विद्यालय में पढा रहा हूँ।

10. <u>For</u>- का प्रयोग किया जाता है।

(i) Period of Time में काल वाले समय के साथ, जैसे :–

* He has been living here <u>for</u> two years, वह यहाँ पिछले दो सालों <u>से</u> रह रहा है ।

(ii) एक वस्तु के बदले में दुसरी वस्तु के लिए या कीमत बताने के लिए जैसे :–

* He bought a wrist (रिस्ट / कलाई) watch <u>for</u> five hundred rupees.
उसने पाँच सौ रुपये में एक कलाई की घड़ी खरीदी ।

(iii) किसी उद्देश्य के लिए, जैसे : –
* The workers are working <u>for</u> food . मजदूर भोजन <u>के लिए</u> काम कर रहे है ।
* I did it <u>for</u> your good. मैने यह तुम्हारे अच्छे <u>के लिए</u> किया ।

11. <u>Behind</u> (बिहइन्ड)ा (पीछे) जैसे :–
* The lady stood behind the curtain. औरत पर्दे के पीछे खड़ी थी ।
* The train is behind time . रेल समय से पीछे चल रही है ।

12. <u>Above:</u> किसी स्तर से ऊपर ।
* His head was <u>above</u> water. उसका सिर पानी के <u>ऊपर</u> था ।

13. <u>Between:</u> (बिटवीन) दो के मध्य में, जैसे :–
* Distribute(डिस्ट्रीब्यूट/बाँटना) these apples between the two brothers. ये सेब दोनों भाईयों के बीच में बाँट दो।
* Let's keep this secret between you and me. चलो यह राज़ हमारे बीच में रहने देते है ।

(E) DETERMINERS / PREPOSITIONS / CONNECTIVES

1. Up ऊपर — The boy was going up. लड़का ऊपर जा रहा था।

2. Over ऊपर से, खत्म — The function was over. कार्यक्रम खत्म हो गया था।
   The plane was flying over the city. हवाई जहाज़ शहर के ऊपर से उड़ रहा था।

3. Above स्तर से ऊपर — The water level was above two feet. पानी का स्तर दो फीट से ऊपर था।

4. Below स्तर से नीचे — The sales were going below expectation. बिक्री उम्मीद से नीचे जा रही थी।

5. Between दो के बीच में — There is no gap between the two tables. दो मेज़ो के बीच में कोई जगह नहीं है।

6. Before पहले — Wake me up before 2 O'clock. मुझे दो बजे से पहले उठाना/उठा देना।

7. After बाद में — The festival is after two days. उत्सव दो दिन के बाद है।

8. Beside बगल में / पास में — Come and sit beside me. आओ और मेरे साथ /पास बैठो।

9. Besides अलावा — Besides the salary you will also get commission.
   तनख्वाह के अलावा तुम्हें कमीशन भी मिलेगा।

10. Within भीतर — Give me my money within two days. दो दिन के भीतर मुझे मेरे पैसे दो।

11. Without बिना — Don't walk without your shoes. जूतों के बिना मत चलो / घूमो।

12. During दौरान — Please don't talk during the class. कृपया कक्षा के दौरान बात न करें।

13. Either /Or या तो ये या वो — Either you or she should do this work. या तो तुम्हें या उसे ये काम करना चाहिए।

14. Neither / Nor ना तो ये ना वो — Neither you nor she is at fault. (फाल्ट) ना तो तुम्हारी गलती है ना ही उसकी।

15. Than से बेहतर — He is stronger than you. वह तुमसे ज़्यादा ताकतवर है।
   (Adjective की comparative degree के बाद 'Than' लगता है)

16. But लेकिन — I could have allowed you but you are late.
   मैं इजाज़त दे सकती थी लेकिन तुमने देरी कर दी।

17. And और — Ram and Shyam are good friends. राम और श्याम अच्छे दोस्त हैं।

18. That कि — He said that he was ill. उसने कहाँ के वो बिमार था।

19. Therefore इसीलिए

Therefore, we like to work with you.
इसीलिए हमें तुम्हारे साथ काम करना अच्छा लगता है ।

20. Still अभी तक

He is still angry with me. वह अभी तक मुझसे गुस्सा है ।

21. So that ताकि

I want money so that I can pay the fees.
मुझे रुपये / रकम चाहिए ताकि मैं फीस जमा करा सकूँ ।

22. As क्योंकि / जैसे

As she is ill, she will not come. क्योंकि वह बीमार है, वह नहीं आएगी ।

23. Because क्योंकि

I cannot give you permission because you are very young.
मैं तुम्हें इजाजत नहीं दे सकता हूँ क्योंकि तुम बहुत छोटे हो ।।

24. So इसलिये

So I went there. इसलिए मै वहाँ गई ।

25. As though –जैसे कि As if

He is behaving as though he is my boss.
वह इस तरह बर्ताव कर रहा है जैसे कि वह मेरा बॉस है।

26. As much as जितना कि

You can take as much as you want. तुम ले सकते हो जितना कि तुम्हें चाहिए ।

27. As well as भी

Ravi as well as Sita has come. रवि और सीता भी आयी है ।

28. As soon as जैसे ही ।
    जितना जल्दी हो सके।

As soon as you get the information, call me.
जैसे ही सूचना मिले मुझे फोन करना।

29. As long as जहाँ / जब तक कि

Keep it as long as you want. जब तक तुम्हें चाहिए इसे रख लों ।

30. As good as
    बराबर की तुलना मे

This book is as good as that one. यह किताब उस किताब के बराबर है ।
(As strong as/ as white as/ as big as/ as busy as / यह केवल
 adjective की positive degree के साथ ही लगता है ।)

31. That's why इसलिये

I am going out that's why I cannot attend your function.
मैं बाहर जा रहा हूँ इसलिए मैं तुम्हारे कार्यक्रम में नहीं आ सकूँगा ।

32. Unless (कारण) जब तक कि
    Until (time समय)

Unless you work hard, you will not pass. जब तक की तुम मेहनत नहीं करते हो,
तुम सफल नहीं होगे । Sit here until he is back. यहा बैठो जब तक की वो वापस आये।

33. Some थोडा (वाक्य में)
    Any –थोडा (प्रश्न में)

Some books are on the table. मेज़ पर थोड़ी किताबें पड़ी हुई है ।
Is there any book on the table ? क्या मेज पर कोई किताब है?

34. Whatever जो कुछ भी

Pick whatever you like. तुम्हें जो कुछ पसन्द हो, चुन लो ।

35. Whenever जब कभी भी

Come whenever you want. जब कभी भी तुम चाहो आ जाना ।

36. However जैसे भी हो

Do it however you like. जैसा तुम चाहो, इसे कर लो ।

37. Wherever जहाँ कहीं भी हो

Go wherever you want. जहाँ कहीं भी तुम जाना चाहो, जाओ ।

38. Thoroughly पूरी तरह से

I am thoroughly (थॉरोली) convinced with you.
मैं तुम्हारी बात से पूरी तरह से सहमत हूँ ।

39. So.....that इतना कि

He is so weak that he cannot walk. वह इतना कमज़ोर है कि वो नहीं चल सकता ।

40. Too.....to (इतना कि)

She is too weak to walk. वह इतनी कमज़ोर है कि चल नहीं सकती ।

41. Unlike विपरीत

Unlike his father, he is a lazy boy. उसके पापा के विपरीत वह आलसी लड़का है ।

42. Whereas जब कि

Sunita is calm whereas her husband is an angry man.
सुनीता शांत है जबकि उसका पति गुस्से वाला हैं ।

43. Rather बल्कि

We should rather go by bus. बल्कि हमें बस से जाना चाहिए ।

44. Although ऑलदो (हालांकि)
    Yet फिर भी

Although I have told her yet you remind her.
हालांकि मेने कह दिया है फिर भी तुम उसे याद दिला देना ।

Although she is rich, yet she is miser. हालांकि रीटा अमीर है, पर कन्जूस है ।

Module 5: Topicwise Vocabulary टॉपिकवाइज़ वोकैब्युलरी (विषय आधारित शब्द भण्डार)

Exercise - 1 Calendar कैलिन्डर–दिन और महीनों के नाम

DAYS	डेज़	दिन	SEASONS	सीज़न्स	ऋतु
1. Sunday	संडे	रविवार	1. Spring	स्प्रिंग	वसंत ऋतु
2. Monday	मंडे	सोमवार	2. Summer	समर	ग्रीष्म ऋतु
3. Tuesday	ट्यूज़डे	मंगलवार	3. Rainy	रेनी	वर्षा ऋतु
4. Wednesday	वॅन्सडे	बुधवार	4. Autumn	ऑटम	हेमंत ऋतु
5. Thursday	थर्ज़डे	गुरुवार	5. Winter	विंटर	शरद ऋतु
6. Friday	फ़्राइडे	शुक्रवार			
7. Saturday	सैटरडे	शनिवार			

MONTHS	मंथस	महीने	MONTHS	मंथस	महीने
1. January	जैनुअरी	जनवरी	7. July	जुलाए	जुलाई
2. February	फ़ॅब्रुअरी	फरवरी	8. August	ऑगस्ट	अगस्त
3. March	मार्च	मार्च	9. September	सॅप्टॅम्बर	सितम्बर
4. April	एप्रिल	अप्रेल	10. October	ऑक्टोबर	अक्टूबर
5. May	मे	मई	11. November	नवॅम्बर	नवम्बर
6. June	जून	जून	12. December	डिसॅम्बर	दिसम्बर

Exercise - 2 Parts of Human Body पार्ट्स् ऑफ ह्यूमन बॉडी – मानव शरीर के अंगो के नाम

No.	English		Hindi	No.	English		Hindi
1.	Skull	स्कल्	खोपड़ी	29.	Fist	फिस्ट्	मुट्ठी
2.	Brain	ब्रेन	दिमाग, मस्तिष्क	30.	Biceps	बाइसॅप्स	हाथ के मसल्स
3.	Forehead	फोरहॅड्	ललाट	31.	Legs	लॅग्स्	टाँगे
4.	Eyebrow	आईब्रो	भौहें	32.	Knee	नी	घुटना
5.	Eyelid	आएलिड्	पलक	33.	Foot	फुट्	पैर (एक)
6.	Eyelashes	आएलैशिज	पलक के बाल	34.	Feet	फीट्	पैर (दोनों)
7.	Eyeball	आए बॉल	आँख की पुतली	35.	Heel	हील	एड़ी
8.	Nose	नोज़	नाक	36.	Sole	सोल्	पैर का तलुआ
9.	Nostrils	नॉस्ट्रिल्स	नासिक छिद्र	37.	Toes	टोज़	पैर की उँगलियाँ व अँगूठा
10.	Eardrum	इअरड्रम	कान का पर्दा	38.	Skin	स्किन	चमड़ी
11.	Earlobe	इअरलोब	कार्णपाली	39.	Face	फेस्	चेहरा
12.	Cheeks	चीक्स	गाल	40.	Head	हॅड्	सिर
13.	Lips	लिप्स्	होंठ	41.	Throat	थ्रोट	गला
14.	Jaws	जॉज़	जबड़े	42.	Neck	नॅक्	गर्दन
15.	Upper Jaw	अप्पर जॉ	ऊपरी, जबडा	43.	Shoulder	शोल्डर	कंधा
16.	Lower Jaw	लोअर जा	नीचे का जबड़ा	44.	Collar-bone	कॉलर–बोन	(पुरुष) कॉलर की हड्डी
17.	Moustache	मुस्टेश	मूँछ	45.	Beauty bone	ब्यूटीबोन्	(स्त्री) कॉलर की हड्डी
18.	Mouth	माऊथ	मुँह	46.	Chest	चॅस्ट्	छाती (सीना)
19.	Tongue	टंग	ज़बान / जीभ	47.	Breasts	ब्रॅस्ट्स	स्तन
20.	Upper Palate	अप्पर पैलेट्	ऊपरी तलवा	48.	Lungs	लंग्स्	फेफडे
21.	Lower Palate	लोअर पैलेट्	नीचे का तलवा	49.	Tummy	टमी	पेट (बाहर का)
22.	Tooth	टूथ (एक)	दाँत (एक)	50.	Stomach	स्टमक्	पेट (अन्दर का)
23.	Teeth	टीथ्	दाँत (अनेक)	51.	Navel	नेवल्	नाभि
24.	Gum	गम्	मसूडे	52.	Intestine	इन्टिस्टाईन्स	आँत
25.	Saliva	सलाइवा	लार	53.	Waist	वेस्ट्	कमर
26.	Chin	चिन	ठोडी (ठुड्डी)	54.	Thigh	थाई	जांघ
27.	Beard	बियर्ई	दाढ़ी	55.	Hips / Buttocks	हिप्स / बटक्स	कूल्हा
28.	Thumb	थम्ब	अँगूठा	56.	Lap	लैप	गोद

Exercise - 3 Diseases डिजीज़िज़ — बीमारियाँ

No.	English	Hindi	Meaning
1.	Anaemia	ऐनिमियाँ	रक्तक्षय
2.	Blind	ब्लाइन्ड	अन्धा
3.	Belch	बॅल्च	डकार मारना
4.	Blister	ब्लिस्टर	फ़ुोला, छाला
5.	Boil	बॉइल	फोड़ो
6.	Baldness	बॉल्डनेस्	गंजापन
7.	Cancer	कैन्सर	कर्करोग
8.	Cold	कोल्ड	सर्दी, शीत, ठण्डा
9.	Cough	कफ	खाँसी
10.	Diarrhoea / Loose Motions	डायरिया / लूज मोशन्स	दस्त
11.	Fever	फीवर	ज्वर
12.	Headache	हैडेक्	सिर का दर्द
13.	Hiccup	हिकप	हिचकी
14.	Jaundice	जॉन्डिस	पीलिया
15.	Abortion	एबोरशन	गर्भपात
16.	Acidity	ऐसिडिटि	अम्लता
17.	Asthma	अस्थमा	दमा
18.	Bulge	बल्ज	उमाड़, उभार
19.	Cataract	कॅटेरॅक्ट	मोतिया बिन्दू
20.	Chicken-pox	चिकन पोक्स	छोटी माता
21.	Cholera	कॉलेरा	हैज़ा
22.	Constipation	कोन्स्टीपेशन	कब्ज़
23.	Conjunctivitis	कन्जक्टिवायटिस	आँखोमे सूजन
24.	Contagious	कन्टेजिअस	फेलनेवाली बिमारी
25.	Convulsion	कन्व्हल्शेन	मरोड़
26.	Dumb	डम्ब	गूंगा
27.	Diabetes	डायबिटिज़	मधुमेह
28.	Diphtheria	डिप्थेरिया	गलेका संक्रमन
29.	Dysentery	डिसैंटी	पेचिस
30.	Epilepsy	ऐपिलॅप्सी	मिरगी
31.	Goitre	गॉयटर	आयोडिन की कमी से गले की सूजन
32.	Giddiness	गिडिनेस	चक्कर
33.	Haemorrage	हैमरेज	नस फटनेसे खून बहना
34.	Hernia	हर्निया	अन्त्रवृध्दि
35.	Hump	हंप	कूबर
36.	Hysteria	हिस्टेरिया	अति मानसिक उत्तेजना
37.	Malaria	मलेरिया	मलेरिया
38.	Nausea	नॉज़िया	जी मचलना, मितली
39.	Sprain	स्प्रेन	नस चटकना
40.	Sunstroke	सनस्ट्रोक	लू लगना
41.	Swelling	स्वैलिंग	सूजन
42.	Toothache	टूथेक	दंतपीड
43.	Tonsilitis	टॉन्सिलायटिस	गलतुंडिया का संक्रमण
44.	Typhoid	टायफॉइड	विषमज्वर
45.	Pain	पेन	दर्द
46.	Paralysis	पैरेलायसिस	लकवा
47.	Vomiting	वॉमिटिंग कै करना,	ओकाई
48.	Worms	वर्म्स	मिंकचुक / कीड़
49.	Wound	वूंड	घाव
50.	Insomnia	इनसोमिया	अनिद्रा
51.	Kidney-stone	किडनी स्टोन	पथरी
52.	Leprosy	लेप्रसी	कुष्ठरोग
53.	Migraine	माईग्रेन	आधे सिरका दर्द
54.	Mumps	मम्पस	कनपेड़ा
55.	Obesity	ऑबेसीटी	मोटापन
56.	Pneumonia	निमोनिया	ढंडसे बुखार
57.	Pus	पस	पीप
58.	Pimple	पिम्पल	फुंसी
59.	Palpitation	पैल्पिटेशन	धड़कना
60.	Palsy	पैल्सि	लकवा
61.	Phlegm	फलेम्	कफ, बलगम
62.	Piles	पाइल्स	बवासीर
63.	Plague	प्लेग	महामारी
64.	Prickly Heat	प्रिकलीहीट	धमोरिया
65.	Ring-worm	रिंगवर्म	दाद
66.	Scabies	स्कॅबीज़	खुजली
67.	Sore	सोर	घाव, ज़ख्म
68.	Squint-eyed	स्किवन्ट आइड	भेंगा
69.	Small-pox	स्मोल पोक्स	शीतला
70.	Sore-eye	सोरआए	दु:खती आँख
71.	Tetanus	टिटनेस	घाव के सड़नेसे होनेवाला रोग
72.	Tuberculosis	ट्यूबरन्युलोसिस	फेफडो का संक्रामण

Exercise - 4 Treatments (ट्रीटमेंट्स - ईलाज)

1. Ambulance	ऐम्बियूलॅन्स	अस्पताल गाड़ी	10. Purgative	परगेटिव	रेचक, गुट्टी
2. Anaesthetic	ऑनॅसथिटिक	बेहोशी	11. Delivery	डिलिव्हरी	प्रसव करना
3. Chloral	कलोरल	बेहोशी की दवा	12. Diagnosis	डायग्नॉसिस	रोग निदान
4. Cradle	क्रेडल	पालना	13. Dispensary	डिसपैन्सरी	दवाखाना
5. Laxative	लैक्सेटिव	कब्ज़ दूर करने की दवा	14. Doctor	डॉक्टर	चिकित्सक
			15. Enema	ऐनीमा	गुदावस्ती
6. Maternity	मॅटर्निटी	दाईग्रह	16. Hammock	हैमॉक	झूला
7. Nurse	नर्स	नर्स	17. Hospital	हॉस्पिटिल	चिकित्सालय
8. Patient	पेशिंट	रोगी, मरीज़	18. Saline	सलाइन	कीटाणु रहित
9. Perambulator (Pram)	परऐम्बियूलेटर	बच्चागाड़ी			(खारा पानी)
			19. Vial	व्हायल	शीशी

Exercise - 5 Medical Terms उपचार संबंधी

1. Appetizer	ऐपिटायज़र	भूख बढ़ाने वाला	7. Operation	ऑपरेशन	चीर फाड़
2. Bandage	बैन्डेज	पट्टी	8. Prescription	प्रिस्क्रिपशिन	दवासूची
3. Capsule	कैप्सियूल	कैप्सूल	9. Stitches	स्टिचिस	टाँके
4. Crutches	क्रचिस	बैसाखी	10. Tablet	टैब्लिट	गोली
5. Injection	इंजैक्शन	इंजेक्शन	11. Tonic	टॉनिक	शक्तिवर्धक दवा
6. Ointment	ऑईन्टमॅन्ट	मलहम, विलेप	12. X-ray	ऍक्स–रे	क्ष–किरण

Exercise - 6 Occupation (ऑक्युपेशिन्स - व्यवसाय)

1. Accountant	एकाउन्टिन्ट	लेखाकार	19. Juggler	जगलर	बाज़ीगर
2. Acrobat	एक्रोबेट	कलाबाज़	20. Jeweller	ज्यूलर	जौहरी
3. Architect	आर्किटेक्ट	वास्तुकार	21. Landlord	लैण्डलॉर्ड	ज़मींदार
4. Barbar	बारबर	हजाम – नाई	22. Manager	मैनेजर	प्रबंधक
5. Bindar	बाइंडर	जिल्दबन्द	23. Mason	मेसन	राजगीर
6. Booking Officer	बुकिंग ओफिसर	टिकिट बाबू	24. Magician	मीजिशन	जादूगर
7. Book Seller	बुक सेलर	किताब विक्रेता	25. Midwife	मिडवाइफ	दाई
8. Betal Seller	बीटल सेलर	तम्बोली	26. Oilman	ऑइलमेन	तेली
9. Broker	ब्रोकर	दलाल	27. Palmist	पामिस्ट	हस्तरेखा शास्त्री
10. Chemist	केमिस्ट	औषधी विक्रेता	28. Porter	पोर्टर	कूली
11. Contractor	कॉन्ट्रक्टर	ठेकेदार	29. Postman	पोस्ट मॅन	टपाली
12. Cobbler	कॉबलर	मोची	30. Printer	प्रिंटर	मुद्रक
13. Carpenter	कारपेन्टर	सुथार	31. Singer	सिंगर	गायक
14. Editor	एडिटर	संपादक	32. Surgeon	सर्जन	ऑपरेशन करनेवाला चिकित्सक
15. Examiner	एक्ज़ामिनर	परीक्षक	33. Veterinarian	व्हेटेरिनेरियन	पशु चिकित्सक
16. Gardener	गार्डनर	माली	34. Watchmaker	वॉचमेकर	घड़ीसाज़
17. Goldsmith	गोल्डस्मीथ	सोनार	35. Watchman	वॉचमेन	चौकीदार
18. Hunter	हन्टर	शिकारी	36. Wrestler	रेसलर	पहलवान

Exercise - 6 Occupations ऑक्यूपेशिन्स–व्यवसाय

No.	English	Hindi	Meaning	No.	English	Hindi	Meaning
1.	Artist	आर्टिस्ट	कलाकार	22.	Grocer	ग्रोसर	पनसारी / पंसेरी
2.	Artisan	आर्टिसन	कारीगर	23.	Hawker	हॉकर	फेरीवाला
3.	Astrologer	ऍस्ट्रॉलॉजर	ज्योतिषी	24.	Labourer	लेबरर	श्रमिक / मजदूर
4.	Author/Writer	ऑथर / राईटर	ग्रन्थकार / लेखक	25.	Mechanic	मैकैनिक	मिस्त्री
5.	Baker	बेकर	नानबाई	26.	Milkman	मिल्कमैन	ग्वाला / दूधवाला
6.	Barber	बार्बर	नाई / हज्जाम	27.	Magician	मैजिशियन	जादूगर
7.	Beggar	बॅग्गर	भिखारी / भिक्षुक	28.	Nurse	नर्स	परिचारिका
8.	Butcher	बुचर	कसाई	29.	Painter	पेन्टर	रंगसाज़ / पेंटर
9.	Carpenter	कारपॅन्टर	बढ़ई	30.	Pilot	पायलिट	विमान चालक
10.	Clerk	क्लर्क	मुंशी, लिपिक	31.	Player	प्लेयर	खिलाड़ी
11.	Conductor	कंडक्टर	परिचालक	32.	Plumber	प्लंबर	नलसाज़
12.	Confectioner	कनफॅक्शनर	हलवाई	33.	Poet	पोएट	कवि
13.	Dancer	डान्सर	नर्तक	34.	Postman	पोस्टमैन	डाकिया
14.	Dentist	डॅन्टिस्ट	दंत चिकित्सक	35.	Potter	पॉटर	कुम्हार
15.	Doctor	डॉक्टर	चिकित्सक	36.	Sailor	सेलर	नाविक / खलासी
16.	Driver/chauffeur	ड्रायवर / शॉफर	चालक / ड्राइवर	37.	Shoemaker	शुमेकर	मोची
17.	Farmer	फार्मर	कृषक, किसान	38.	Singer	सिंगर	गायक / गवैया
18.	Fisherman	फिशरमैन	मछुआरा	39.	Sweeper	स्वीपर	सफाई वाला
19.	Gardener	गार्डनर	बागबान / माली	40.	Shopkeeper	शॉपकीपर	दुकानदार
20.	Goldsmith	गोल्डस्मिथ	सुनार	41.	Tailor	टेलर	दर्जी
21.	Greengrocer	ग्रीनग्रोसर	कुँजड़ा / सब्ज़ी वाला	42.	Teacher	टीचर	अध्यापक / शिक्षक

Exercise - 7 Clothes & Dresses क्लोदज ऐन्ड ड्रॅसिज़ – कपड़े और वस्त्र

No.	English	Hindi	Meaning	No.	English	Hindi	Meaning
1.	Belt	बॅल्ट	कमरबंद	9.	Muffler	मफलर	गुलूबन्द
2.	Border	बॉर्डर	किनारा	10.	Shirt	शर्ट	कमीज
3.	Cloth/Clothes	क्लोथ / क्लोथज	कपड़ा / कपड़े	11.	Socks	सॉक्स	मौज़े
4.	Coat	कोट	कोट	12.	Scarf	स्कार्फ	दुपट्टा
5.	Gloves	ग्लव्ज़	दस्ताना	13.	Towel	टॉविल	तौलिया
6.	Handkerchief	हैंडकरचिफ	रुमाल	14.	Underwear	अन्डरवीयर	जांघिया
7.	Hat	हैट	अंग्रेजी टोपी	15.	Veil	वेल	घूंघट
8.	Napkin	नैपकिन	गोछा				

Exercise - 8 Relations रिलेशन्स–संबंध

No.	English	Hindi	Meaning	No.	English	Hindi	Meaning
1.	Ancestor	ऐनसिस्टर	पुरखे, पुर्वज	10.	Grand daughter	ग्रैंड डॉटर	नातिन, पोती
2.	Brother	ब्रदर	भाई	11.	Father-in-law	फादर–इन–लॉ	ससुर
3.	Brother-in-law	ब्रदर–इन–लॉ	जीजा	12.	Mother-in-law	मदर–इन–लॉ	सास
4.	Daughter-in-law	डॉटर–इन–लॉ	बहू	13.	Mother	मदर	माँ
5.	Daughter	डॉटर	बेटी, लडकी	14.	Nephew	नॅफ्यू	भान्जा, भतीजा
6.	Father	फादर	पिता	15.	Son	सन	बेटा
7.	Grand father	ग्रैंड फादर	दादा, नाना	16.	Son-in-law	सन–इन–लॉ	दामाद / जमाई
8.	Grand mother	ग्रैंड मदर	दादी, नानी	17.	Sister	सिस्टर	बहन
9.	Grand son	ग्रैंड सन	पोता, नवासा	18.	Sister-in-law	सिस्टर–इन–लॉ	नंनद / साली

Exercise - 9 Metals & Minerals (मैटल्स ऐन्ड मिनिरल्स –धातु और खनिज पदार्थ)

No.	English	Hindi	Meaning	No.	English	Hindi	Meaning
1.	Brass	ब्रास	पीतल	8.	Mercury	मरक्यूरी	पारा
2.	Bronze	ब्रोन्ज़	कांसा	9.	Marble	मार्बल	संगमरमर
3.	Copper	कोपर	तांबा	10.	Silver	स्लिवर	चांदी
4.	Gold	गोल्ड	सोना	11.	Steel	स्टील	पक्का लोहा
5.	Iron	आयरन	लोहा	12.	Sulphur	सल्फर	गंधक
6.	Lead	लॅड	सीसा	13.	Zinc	ज़िंक	जसत
7.	Mica	माइका	अभ्रक				

Exercise - 10 Ornaments & Jewels (ऑर्नमेन्ट्स ऐन्ड जुवॅल्स – आभूषण और रत्न)

1. Armlet	आर्मलेट	बाजुबन्द	16. Wristlet	रिस्टलेट	पहुँची
2. Anklet	ऍकिलट	पायल	17. Coral	कोरल	मूँगा
3. Bangal	बैंगल	चूड़ी	18. Cat's eye	कैटस आए	लहसनिया
4. Broach	ब्रोच	साड़ी का कांटा	19. Diamond	डायमंड	हीरा
5. Bracelet	ब्रेसिलेट	कंगन, कड़ा	20. Emerald	एमरिल्ड	पन्ना
6. Crown	क्राउन	ताज	21. Mother of pearl	मदर ऑफ पर्ल	सीप
7. Ear-Stud	इअर स्टड	कानका बुन्दा	22. Opal	ओपल	दूधिया पत्थर
8. Garland	गार्लिण्ड	माला	23. Pearl	पर्ल	मोती
9. Hair-pin	हॉयर-पिन	बालो की पिन	24. Quartz	क्वार्टज़	बिल्लोर
10. Head Locket	हैड-लोकिट	मांग-टीका	25. Ruby	रुबी	लाल पत्थर
11. Medal	मेडल	पदक	26. Sapphire	सैफायर	नीलम
12. Nose-ring	नोज़ रिंग	नथ	27. Topaz	टोपाज़	पुखराज
13. Nose-pin	नोज़ पिन	लौंग	28. Turquoise	टरकॉइज़	फिरोज़ा नंग
14. Necklace	नॅकलेस	ग्लोबन्द	29. Zircon	ज़िर्कन	तगडी, भूरा नंग
15. Ring	रिंग	अंगूठी			

Exercise - 11 House Hold Articles (हाऊस होल्ड आर्टिकल्स – घर में उपयोग करने वाले वस्तु)

1. Ash	ऐश	राख	17. Knitting Needles	निटिंग नीडिल्स	बुननेकी सुई
2. Attache	अटेची	छोटा डिब्बा	18. Kerosene Oil	कैरोसीन ओईल	मिट्टीका तेल
3. Bobbin	बोबिन	फिरकी	19. Nut-cracker	नट-क्रेकर	सरोता
4. Box / Trunk	बोक्स / ट्रन्क	संदूक	20. Pillow-cover	पिलो-कवर	तक्येका गिलाफ
5. Cauldron	कोलड्रन	मोटी कढ़ई	21. Phial	फायल	शीशि
6. Comb	कोम्ब	कंघी	22. Spoon	स्पून	चम्मच
7. Casket	कास्केट	छोटा ज़ेवरका डिब्बा	23. Sieve	सीव	छलनी
8. Censor	सेन्सर	धूपदानी	24. Saucer	सॉसर	तशतरी
9. Cinder	सिन्डर	अंगारा	25. Soap-case	सोप-केस	साबून-दानी
10. Dish	डिश	थाली	26. String	स्ट्रिंग	रस्सी
11. Electric Stove	इलेक्ट्रिक स्टोव	बिजली चूल्हा	27. Spitton	स्पिटटुन	पिकदानी
12. Flower - Vase	फलार-वास	फूलदान	28. Stick	स्टिक	छड़ी
13. Funnel	फन्नल	कुजी	29. Thimble	थिंबल	अंगशताना
14. Grate	ग्रेट	जाली	30. Tray	ट्रे	ट्रे
15. Hearth	हर्थ	अंगेठी	31. Tong	टॉंग	चिम्टा
16. Ice-box	आइस-बोक्स	बर्फ का डिब्बा	32. Tooth-pick	तुथ-पिक	खलाल

Exercise - 12 DOCTORS (चिकित्सक डॉक्टर्स)

1. Cardiologist	कार्डीयॉलॉजिस्ट	दिल का चिकित्सक
2. Dentist	डेन्टिस्ट	दाँत का चिकित्सक
3. Dermatologist	डरमैटॉलॉजिस्ट	चमड़ी रोग विशेषज्ञ
4. ENT Specialist	इऍन्टी स्पेशलिस्ट	कान, नाक, गला विशेषज्ञ
5. General Practitioner	जॅनरल प्रैक्टीशनर	सामान्य चिकित्सक
6. Gynaecologist	गायनोकॉलॉजिस्ट	महिलारोग विशेषज्ञ
7. Ophthalmologist	ऑफथैलमोलॉजिस्ट	आँखो का विशेषज्ञ
8. Orthopaedist	ऑर्थोपैडिस्ट्	हड्डीरोग विशेषज्ञ
9. Pediatrician	पैडीएट्रीशियन	बालरोग विशेषज्ञ
10. Psychiatrist	सायकैट्रिस्ट	मनो रोग चिकित्सक

Exercise - 13 Fruits फ्रूट्स–फलों के नाम

1. Apple	ऐप्पल	सेब	18. Papaya	पपाया	पपीता
2. Banana	बनाना	केला	19. Guava	ग्वाव्हा	अमरुद
3. Berry	बैरी	बेरी	20. Indian Gooseberry	इण्डियन गूज़बैरी	आंवला
4. Cherry	चैरी	चैरी	21. Jack-fruit	जैक–फ्रूट	कटहल
5. Date	डेट	खजूर	22. Custard Apple	कस्टर्ड ऐप्पल	सीताफल
6. Fig	फिग	अंजीर	23. Peach	पीच	आडू
7. Grapes	ग्रेप्स	अंगूर	24. Pear	पिअर	नाशपति
8. Rose apple	रोज़ ऐप्पल	जामुन	25. Pineapple	पाइनएप्पल	अनानस
9. Sapodilla	सैपोडिला	चीकू	26. Pomegranate	पॉमेग्रैनेट	अनार
10. Sugar-cane	शुगरकेन	गन्ना	27. Tamarind	टैमरिन्ड	इमली
11. Sweet Lime	स्वीट लाइम	मॉसंबी	28. Watermelon	वॉटरमैलन	तरबूज
12. Jojoba	होहोबा	बेर	30. Yam	यैम	रतालू
13. Lemon	लैमन	नीम्बू	31. Chestnut	चॅस्टनट	छोटा नारियल
14. Mango	मैंगो	आम	32. Apricot	ऐप्रिकॉट	खुबानी
15. Musk-Melon	मस्क मैलन	खरबूजा	33. Coconut	कोकोनट	नारियल
16. Orange	ऑरिंज	संतरा	33. Plum	प्लम	आलू बुखारा
17. Palm Fruit	पाम फ्रूट	ताड़फल	34. Mulberry	मलबरी	शहतूत

Exercise - 14 Dry Fruits ड्राय फ्रूट्स–सूखा मेवा

1. Almond	आल्मंड	बादाम	6. Orchard	ऑर्चर्ड	फलोद्यान
2. Apricot	ऐप्रिकॉट	जरदालू	7. Peel/Sheil	पील / शेल	छिलका / छिलना
3. Betel-nut	बीटलनट	सुपारी	8. Pistachio	पिस्टाचिओ	पिस्ता
4. Cashew nut	कैश्यूनट	काजू	9. Raisins	रेज़िन्स	किशमिश
5. Dry-date	ड्राए–डेट	खारक	10. Walnut	वॉलनट	अखरोट

Exercise - 15 Tastes टेस्ट्स् – स्वाद

1. Bitter	बिटर	कड़वा	5. Sour	सार	खट्टा
2. Piquant	पिकुंट	चटपटा मसालेदार	6. Spicy	स्पाईसी	मसालेदार
3. Salty	सॉल्टी	नमकीन, खारा	7. Sweet	स्वीट	मीठा
4. Tangy	टैंगी	खट्टा–मीठा	8. Tasty	टेस्टी	स्वादिष्ट

Exercise - 16 Colours कलर्स – रंग

1. Azure	ऐज़्यॉर	आसमानी	10. Purple	पर्पल	जामुनी
2. Black	ब्लैक	काला	11. Blue	ब्लू	नीला
3. Crimson	क्रिमसन	ईंट रंग	12. Brown	ब्राउन	भूरा
4. Grey	ग्रे	सलेटी	13. Red	रॅड	लाल
5. Green	ग्रीन	हरा	14. Scarlet	स्कार्लेट	गहरा लाल
6. Maroon	मरुन	गहरा भूरा लाल	15. Vermillion	वर्मीलियोन	सिंदूरी
7. Orange	ऑरिन्ज	नारंगी	16. Violet	वाएलिट	बैंगनी
8. Yellow	यॅल्लो	पीला	17. White	व्हाइट	सफेद
9. Pink	पिंक	गुलाबी	18. Indigo	इन्डीगो	नील

Exercise - 17 Vegetables वॅजीटेबल्स – सब्ज़ियाँ

1.	Arum	ऐरम	धुइयाँ / अरवी	17. Green-chilli	ग्रीन चिली	हरी मिर्च
2.	Bean	बीन	सेमफली	18. Green-pea	ग्रीन–पी	हरा मटर
3.	Bitter gourd	बिटर गॉर्ड	करेला	19. Jackfruit	जैकफ्रूट	कटहल
4.	Bottle gourd	बॉटल गॉर्ड	लौकी / आल	20. Lady finger	लेडी फिंगर	भिंडी / ऑकरा
5.	Brinjai	ब्रिंजल	बैंगन	21. Loofah/Luffa	लूफा	तुरई
6.	Beetroot	बीटरुट	चुकन्दर	22. Mint	मिन्ट	पुदीना
7.	Cabbage	कैबेज	पत्तागोभी	23. Mushroom	मशरुम	कुकुरमुत्ता / बंदर की छतरी
8.	Carrot	कैरिट	गाजर	24. Onion	अनियन	प्याज़
9.	Cauliflower	कॉलिफ्लार	फूलगोभी	25. Pea	पी	मटर
10.	Celery	सेलेरी	अजमोद (Foreign Vegetable)	26. Potato	पटेटो	आलू
11.	Cluster bean	क्लस्टरबीन	ग्वारफली	27. Pumpkin	पम्पकिन	कद्दू
12.	Coriander	कॉरिएंडर	धनिया	28. Radish	रैडिश	मूली
13.	Cucumber	क्युकम्बर	खीरा, ककड़ी	29. Spinach	स्पिनिच्	पालक
14.	Drum stick	ड्रमस्टिक	सेवटे की सींग	30. Sweet potato	स्वीट पटेटो	शकरकंद
15.	Garlic	गार्लिक	लहसून	31. Serpent gourd	सरपिंट गॉर्ड	परवल
16.	Ginger	जिंजर	अदरक	32. Tomato	टुमैटो	टमाटर

Exercise - 18 Spices स्पाइसिस–मसाले

1. Mustard	मस्टर्ड	सरसों	10. Cassia/Bay Leaf	कासीया	तेज़पात / तेज़पत्र
2. Opium	ओपियम	अफीम	11. Cinnamon	सिनमन	दालचीनी
3. Camphor	कैम्फर	कपूर	12. Salt	सॉल्ट	नमक
4. Black Pepper	ब्लैक पेप्पर	काली मिर्च	13. Pepper	पेप्पर	मिर्ची
5. Saffron	सेफरन	केसर	14. Clove	क्लोव	लवंग
6. Yeast	यीस्ट	खमीर	15. Cardamom	कार्डमम	इलायची
7. Nutmeg	नटमेंग	जायफल	16. Fenugreek	फैन्यूग्रीक	मेथी
8. Cumin seed	क्यूमिन्सीड	जीरा	17. Asafoetida	ऐसोफोटीडा	हींग
9. Basil	बेसिल	तुलसी	18. Turmeric	टरमरिक	हल्दी

Exercise - 19 Cereals & Eatables सीरीयल्स ऐण्ड इटेबल्स– अनाज और खाद्य पदार्थ

1.	Flour	फ्लार	आटा	19. Tomato Ketchup, / Sauce	टुमैटो कैचप / सॉस	टमाटर की चटनी
2.	Corn-ear	कॉर्न–इयर	भुट्टा			
3.	Oats	ओट्स	जई	20. Loaf	लोफ	पूरी डबल रोटी
4.	Rice	राइस	चावल	21. Sugar	शुगर	शक्कर
5.	Tea	टी	चाय	22. Pulse	पल्स	दाल
6.	Gruel, Porridge	ग्रुएल, पॉरिज	दलिया	23. Milk	मिल्क	दूध
7.	Semolina	सिमोलिना	सूजी	24. Curd	कर्ड	दही
8.	Bean	बीन	सेम	25. Bread	ब्रेड	डबल रोटी
9.	Wheat	व्हीट	गेहूँ	26. Vinegar	विनेगर	सिरका
10.	Lentil	लेंटिल	दाल	27. Syrup	सीरप	शरबत
11.	Maize	मेज़	मक्का	28. Curry	कर्री	कढ़ी
12.	Puffed-rice	पफ्ड–राइस	मुरमुरा	29. Honey	हनी	शहद
13.	Kidney-bean	किडनी–बीन	राजमा	30. Meat	मीट	गोश्त
14.	Pickle	पिक्कल	अचार	31. Sago	सागो	साबूदाना
15.	Grain	ग्रेन	अनाज	32. Sweet Meat	स्वीट मीट	मिठाई
16.	Cheese	चीज़	पनीर	33. Whey	व्हे	मट्ठा
17.	Oil	ऑयल	तेल	34. Butter	बटर	मक्खन

Module 6. Fluency Tools Prompt Response Practice तत्पर प्रतिक्रिया देने का अभ्यास

Hindi Sentences	English Sentences	Pronunciation in Hindi
Q.1. राम–कृपया आपका नाम क्या है ? A. मनीष– मेरा नाम मनीष है ।	Ram: What's your name please? Manish: My name is Manish.	राम – वॉट्स् यॉर नेम प्लीज ? मनीष – माए नेम इज़ मनीष ।
Q.2. राम–आपकी क्या उम्र है ? A. मनीष– मैं बीस साल का हूँ ।	Ram: How old are you ? Manish: I am twenty years old.	राम – हाओ ओल्ड आर यू ? मनीष – आए ऍम ट्वॅन्टी ईयर्स ओल्ड ।
Q.3. राम–आपका शौक क्या है ? A. मनीष– मेरा शौक डाक टिकटें । संग्रह करना है ।	Ram: What's your hobby ? Manish: My hobby is stamp collecting. (Philately)	राम – वॉट्स यॉर हॉबी ? मनीष – माए हॉबी इज़ स्टैम्प कलॅक्टिंग (फिलैटलि) ।
Q.4. राम–आपके पिता क्या करते है ? A. मनीष– मेरे पिता एक चिकित्सक है ।	Ram: What does your father do ? Manish: My father is a doctor.	राम – वॉट डज़ यॉर फादअ डू ? मनीष – माय फादर इज़ अ डॉक्टर ।
Q.5. रामः आपके जीवन की क्या महात्वकांक्षा है ? A. मनीष– मैं एक बड़ा व्यापारी बनना चाहता हूँ ।	Ram: What is your ambition in life ? Manish: I want to become a big business man.	राम – वॉट इज़ यॉर ऐम्बिशन इन लाइफ? मनीष – आए वॉन्ट टू बिकम अ बिग बिज़निस मैन ।
Q.6. राम–आप कहाँ रह रहे हो ? A. मनीष– जामा मस्जिद दिल्ली में । रह रहा हूँ ।	Ram: Where are you living ? Manish: I am living at Jama Masjid. in Delhi.	राम – व्हेयर आर यू लिविंग ? मनीष – आए ऍम लिविंग ऐट जामा मस्ज़िद इन डॅल्ली ।
Q.7. राम–आप कैसे है, रवि ? A. रवि – मैं बिल्कुल ठीकठाक हूँ । आपका धन्यवाद । आपका क्या हाल है? राम : मैं भी बिल्कुल ठीक ठाक हूँ । आपका धन्यवाद ।	Ram: How are you, Ravi? Ravi: I am quite well. Thank you. How about you? Ram: I am also quite well. Thank you.	राम – हाओ आर यू रवि ? रवि – आए ऍम क्वाइट वॅल् । थैंक यू । हाओ अबाउट यू ? राम – आए ऍम ऑल्सो क्वाइट वॅल् थैंक यू ।
Q.8. राम–आप कब आए ? A. रवि – मैं कल आया ।	Ram: When did you come ? Ravi: I came yesterday.	राम – व्हेन डिड यू कम ? रवि – आए केम यॅस्टरडे ।
Q.9. वह (लडकी) कौन है ? A. वह मेरी बहन है ।	Who is she ? She is my sister.	हू इज़ शी ? शी इज़ माए सिस्टर ।
Q.10. उसका नाम क्या है ? A. उसका नाम रीटा है ।	What is her name ? Her name is Rita.	वॉट इज़ हर नेम ? हर नेम इज़ रीटा ।
Q.11. वह यहाँ क्या कर रही है ? A. वह संगीत सीख रही हैं ।	What is she doing here? She is learning music.	वॉट इज़ शी डूइंग हीअर ? शी इज़ लर्निंग म्युजिक ।
Q.12. अभी आप क्या कर रहे हैं ? A. मैं पढ रहा हूँ ।	What are you doing now ? I am reading.	वॉट आर यू डूइंग नाओ ? आए ऍम रिडींग ।
Q.13. आप क्या पढ़ रहे है ? A. मैं अपनी अंग्रेजी की किताब पढ रहा हूँ।	What are you reading ? I am reading my English book.	वॉट आर यू रीडिंग ? आए ऍम रिडींग माय इंग्लिश बुक।
Q.14. रीटा किस स्कूल में पढ़ती है ? A. वह कोन्वेन्ट में पढती है ।	In which school does Rita study ? She studies in the convent.	इन व्हिच स्कूल डज़ रिटा स्टडी ? शी स्टडीज़ इन द कोन्वेन्ट ।
Q.15. आप कौन से शहर से हैं ? A. मैं दिल्ली शहर से हूँ।	Which city do you belong to ? I belong to Delhi.	व्हिच सिटी डू यू बिलॉन्ग टू ? आए बिलॉन्ग टू दिल्ली।

Q.16. आप किस राज्य के है ? A. मैं उत्तरप्रदेश राज्य का हूँ।	Which state do you belong to ? I belong to Uttar Pradesh.	व्हिज़ स्टेट डू यू बिलॉन्ग तु ? आए बिलॉन्ग टू उत्तरप्रदेश।
Q.17. लवली—आपका व्यवसाय क्या है ? A. मनीष— मैं एक कम्प्यूटर इंजीनिअर हूँ। Q.18. लवली—आपका भाई कहाँ है ? A. मनीष— वह मुम्बई में है ।	L: What's your profession ? M : I am a Computer Engineer. L: Where is your brother ? M: He is in Mumbai.	लवली — वॉट्स यॉर प्रॉफ़ेशन ? मनीष — आए ऐम अ कम्प्यूटर इंजीनिअर। लवली — वेर इज़ यॉर ब्रदर ? मनीष — ही इज़ इन मुम्बई
Q.19. लवली—यह किसका घर है ? A. मनीष— यह घर मेरे चाचाजी। श्रीमान् कुमार का है ।	L: Whose house is this? M: This house belongs to my paternal uncle, Mr. Kumar.	लवली — हूज़ हाउज़ इज़ दिस ? मनीष — दिस हाउज़ बिलॉन्गस टू माए । पॅटर्नल अंकल मिस्टर कुमार
Q.20.बिल—आज कौन—सा दिन है ? A. मैरी— आज सोमवार है।	Bill: What day is it today ? Mary : It is Monday today .	बिल — वॉट डे इज़ इट् टुडे ? मैरी — इट इज़ मन्डे टुडे ।
Q.21. बिल—आपकी कक्षा में कितने विद्यार्थी है ? A. मेरी कक्षा में 20 विद्यार्थी है।	Bill: How many students are there ? in your class ? Mary : There are 20 students in my class.	बिल — हाउ मैनी स्टूडिन्टस आर दैयर इन यॉर क्लास ? मेरी — दैयर आर 20 स्टूडिन्टस इन माए क्लास ।
Q.22. बिल—क्या यह तुम्हारी बुक है ? A. मैरी— हा यह मेरी बुक है।	Bill: Is this your book ? Mary : Yes, That is my book.	बिल — इज़ दिस योर बुक ? मैरी — येस, दॅट इज़ माय बुक ।
Q.23. बिल—आपका जन्मदिन कब है? A. मेरी— 12 अप्रैल को है।	Bill: When is your birthday ? Mary: It is on the 12th of April.	बिल — वॅन इज़ यॉर बर्थडे ? मैरी—इट इज़ ऑन द ट्वेल्वत् ऑफ एप्रिल।
Q.24. बिल—आपकी घड़ी में क्या समय हुआ है ? A. मैरी—मेरी घड़ी में साढ़े नौ बजे है।	Bill: What is the time by your watch ? Mary: It is half past nine by my watch?	बिल — वॉट इज़ द टाइम बाए यॉर वॉच? मेरी — इट इज़ हाफ पास्ट नाइन बाए माए वॉच।
Q.25.राम—क्या आप अंग्रेज़ी बोल सकती है? A. रीटा—हाँ, मै अंग्रेजी बोल सकती हूँ।	Ram: Can you speak English? Rita: Yes, I can.	राम — कैन यू स्पीक इंग्लिश ? रीट ा— यॅस, आए कैन।
Q.26.राम—क्या तुम फ़्रेंच बोल सकती हो? A. रीटा—नहीं, मै नहीं बोल सकती।	Ram: Can you speak French? Rita: No, I can't.	राम — कैन यू स्पीक फ़्रेन्च ? रीटा — नो, आए कान्ट।
Q.27.राम—क्या तुम मुझे अपना पॅन् दोगे ? A. रीटा—हाँ, मै दूँगी।	Ram: Will you give me your pen? Rita: Yes, I will.	राम — विल यू गिव मी यॉर पॅन्? रीटा — यॅस, आए विल।
Q.28.राम—क्या तुम मेरे साथ आओगी ? A. रीटा—नहीं, मै नहीं आऊँगी।	Ram: Will you come with me ? Rita: No, I won't.	राम — विल यू कम विथ मी ? रीटा — नो, आए वोन्ट।
Q.29.राम—क्या रवि तुमको किताब देगा? A. रीटा—नहीं, वह नहीं देगा।	Ram: Will Ravi give you the book ? Rita: No, he will not give.	राम — विल रवि गिव यू द बुक ? रीटा — नो, ही विल नॉट गीव।
Q.30.राम—क्या उसे दौबारा आवेदन देना चाहिए? A. रीटा—हाँ,उसे दौबारा आवेदन देना चाहिए।	Ram: Should he apply again ? Rita: Yes, he should apply again.	राम — शुड ही अप्लाए अगेन ? रीटा — यॅस, ही शुड अप्लाए अगेन।
Q.31.राम—क्या राम को अमेरीका जाना चाहिए ? A. रीटा—नहीं, उसे नहीं जाना चाहिए।	Ram: Should Ram go to the U.S.A ? Rita: No, he shouldn't.	राम — शुड राम गो टू द यू.एस.ऐ ? रीटा — नो, ही शुड्न्ट ?

(B) Daily Use Sentences (दैनिक उपयोगी वाक्य)

Sentences in English (सॅन्टॅन्सिज़ इन इंग्लिश) अंग्रेज़ी वाक्य	Pronunciation in Hindi (प्रननसिएशन इन हिन्दी) हिन्दी में उच्चारण	Sentences in Hindi (सॅन्टॅन्सिज़ इन हिन्दी) हिन्दी वाक्य
1. Bring a new pencil.	ब्रिंग अ न्यू पॅन्सिल	एक नई पॅन्सिल लाओ ।
2. Follow me.	फॉलो मी	मेरे पीछे आओ ।
3. Say your prayer.	से यॉर प्रेयर	अपनी प्रार्थना बोलो ।
4. Go back to your place.	गो बैक टु यॉर प्लेस	अपनी जगह पर वापस जाओ ।
5. Move fast.	मूव फास्ट	जल्दी चलो ।
6. Come here.	कम हियर	यहाँ आओ ।
7. Be Careful.	बी केयरफुल	ध्यान रखो ।
8. Ma'am, please dictate this answer.	मैम, प्लीज़ डिक्टेट दिस आन्सर	मैम, कृप्या यह उत्तर बोलकर लिखाइये ।
9. Ma'am, please I don't want to sit here.	मैम, प्लीज़ आय डोंट वॉन्ट टु सिट हियर	मैम, कृप्या मैं यहाँ नहीं बैठना चाहता हूँ ।
10. Please forgive me.	प्लीज़ फॉर्गिव मी	कृप्या मुझे क्षमा करें ।
11. Not now.	नॉट नाओ	अभी नहीं ।
12. Let's start !	लॅट्स स्टार्ट	चलो शुरु करें ।
13. Wait a minute.	वेट अ मिनिट	एक मिनिट इन्तज़ार करो ।
14. Ok, check it.	ओके, चॅक इट	ठीक है, इसे जाँच लो ।
15. Let it be.	लॅट इट बी	रहने दो ।
16. As you like.	ऐज़ यू लाईक	जैसा आपको पसन्द हो ।
17. Keep your bag down.	कीप यॉर बैग डाउन	अपना बस्ता नीचे रखो ।
18. Give me one chance.	गिव मी वन चांस	मुझे एक मौका दो ।
19. Keep this book on the table.	कीप दिस बुक ऑन द टेबल	यह किताब मेज़ पर रखो ।
20. Come with me to the staff room.	कम विथ मी टु द स्टाफ रुम	मेरे साथ अध्यापक कक्ष में आओ ।
21. Go and call Suman.	गो ऐन्ड कॉल सुमन	जाओ और सुमन को बुलाओ ।
22. Give my water bottle to me.	गिव माय वॉटर बॉटल टु मी	मेरी पानी की बोतल मुझे दो ।
23. Give this book to Ma'am.	गिव दिस बुक टु मैम	यह किताब मैम को दो ।
24. Take this box.	टेक दिस बॉक्स	यह डिब्बा लो ।
25. Tie your shoe laces.	टाय यॉर शू लेसिज़	अपने जूते के फीते बाँधो ।
26. Raise your hands.	रेज़ यॉर हैन्ड्स	अपने हाथ ऊपर करो ।
27. Hands at the back.	हैंड्स ऐट द बैक	हाथ पीछे लो ।
28. Speak in English.	स्पीक इन इंग्लिश	अंग्रेज़ी में बोलो ।
29. Don't drag your shoes/feet.	डोन्ट ड्रैग यॉर शूज़ / फीट	अपने जूते / पाँव को घसीट के मत चलो ।
30. Don't sleep in the class.	डोन्ट स्लीप इन द क्लास	कक्षा में ऊँघो मत / नींद मत निकालो ।
31. Don't cheat.	डोन्ट चीट	नकल मत करो ।
32. Don't take so many leaves.	डोन्ट टेक सो मैनी लीव्स	इतनी छुट्टीयाँ न लें ।
33. Don't bite your nails.	डोन्ट बाइट यॉर नेल्ज़	अपने नाखुन को मत कुतरो ।
34. If you don't sit quiet, I'll not send you home.	इफ यू डोन्ट सिट क्वाएट आयल नॉट सॅन्ड यू होम	अगर आप चुप नहीं बैठोगे, तो मैं आपको घर नहीं जाने दूँगी ।
35. Don't go there.	डोन्ट गो देयर	वहाँ मत जाओ ।
36. Don't write fast.	डोन्ट राइट फास्ट	जल्दी मत लिखो ।

37. Don't write on the next line.	डोन्ट राइट ऑन द नॅक्स्ट् लाइन	दूसरी लाइन पर मत लिखो ।
38. Don't touch my bag.	डोन्ट टच माय बैग	मेरे बस्ते को मत छुओ ।
39. Everybody don't shout together.	ऍव्रीबडी डोन्ट शाउट टुगैदर	सब एक साथ मत चिल्लाओ ।
40. Answer one by one.	आन्सर वन बाए वन	एक के बाद एक जवाब दो ।
41. Wait for your turn.	वेट फॉर यॉर टर्न	अपनी बारी का इंतज़ार करे ।
42. Don't speak bad words.	डोन्ट स्पीक बैड वर्ड्स	अपशब्द मत बोलो ।
43. Don't litter.	डोन्ट लिटर	कचरा मत फैलाओ ।
44. Don't argue.	डोन्ट आर्ग्यू	बहस मत करो ।
45. Don't waste time.	डोन्ट वेस्ट टाइम	समय बर्बाद मत करो ।
46. Follow the instructions.	फॉलो द इन्स्ट्रक्शंस	निर्देशों का पालन करो ।
47. Go and wash your face.	गो ऐण्ड वॉश यॉर फेस	जाओ और अपना चेहरा धो लो ।
48. Talk to you later !	टॉक टु यू लेटर	आपसे बाद में बात करता हूँ ।
49. Note this down.	नोट दिस डाउन	इसे लिखो ।
50. Look into your book.	लुक इंटु यॉर बुक	अपनी किताब में देखो ।
51. Underline the difficult words.	अन्डरलाइन द डिफिकल्ट वर्ड्स	कठिन शब्दों को रेखांकित करें ।
52. Learn the spellings.	लर्न द स्पैलिंग्स	शब्दों को याद करें ।
53. Tomorrow, there will be a test of chapter-5.	टुमॉरो दैर विल बी अ टेस्ट ऑफ चैप्टर - ५	कल, पाठ-५ की परीक्षा होगी ।
54. Stand up and give me the answer	स्टैंड अप ऐण्ड गिव मी द आन्सर	खड़े हो जाओ और मुझे जवाब दो ।
55. Do what I say.	डू वॉट आय से	जो मैं कहता हूँ वो करो ।
56. Come on, say sorry.	कम ऑन, से सॉरी	चलो, माफी माँगो ।
57. Copy from the board.	कॉपी फ्रॉम द बोर्ड	बोर्ड से उतार लो ।
58. Read one page daily.	रीड वन पेज डेली	रोज़ एक पेज पढ़े ।
59. Practise everyday.	प्रैक्टिस ऐव्रीडे	प्रत्येक दिन अभ्यास करें ।
60. Inform you parents.	इनफॉर्म यॉर पेरिन्ट्स	अपने माता-पिता को सूचित करे।
61. Put your pens down.	पुट यॉर पेंन्स डाउन	अपने पॅन् नीचे रखो ।
62. Put your heads down.	पुट यॉर हेड्स डाउन	अपने सर नीचे करो ।
63. Pay attention.	पे अटॅन्शन	ध्यान दो ।
64. Finish the chapter / lunch.	फिनिश द चेप्टर / लंच	अध्याय समाप्त करो / भोजन समाप्त करो।
65. Call your parents tomorrow.	कॉल यॉर पेरिन्ट्स टुमॉरो	अपने अभिभावक को कल बुलाएँ ।
66. Give your introduction.	गिव यॉर इन्ट्रोडक्शन	अपना परिचय दें ।
67. Distribute these copies.	डिस्ट्रीब्यूट दीज़ कॉपीज़	ये किताबें बाँटे ।
68. Solve this question.	सॉल्व दिस क्वेश्चन	इस सवाल को हल करें ।
69. Have some manners.	हैव सम मैनर्स	थोड़ी तमीज़ रखें ।
70. Be regular in class.	बी रेग्युलर इन क्लास	कक्षा में बराबर आएँ ।
71. Walk slowly.	वॉक स्लोली	धीरे चलो ।
72. Take out page no. 61.	टेक आउट पेज नं। ६१	पेज नं ६१ निकालो ।
73. Get your copies checked.	गॅट यॉर कॉपीज़ चॅक्ड	अपनी कॉपियों की जाँच करवाओ ।
74. Have you done it ?	हैव यू डन ईट ?	क्या आपने कर लिया है ?
75. I haven't done it.	आए हैविन्ट डन इट	मैने नहीं किया है ।

76. (A) Shall I go ? May I go?	शल / शैल आए गो ? में आए गो ?	क्या मैं जाऊँ?
(B) Where ?	वैर ?	कहाँ ?
77. Shall I come in ?	शल / शैल आए कम इन ?	क्या मैं अन्दर आऊँ?
May I come in ?	मे आए कम इन ?	
78. (A) Shall I drink water ?	शल / शैल आए ड्रिंक वॉटर ?	क्या मैं पानी पीऊँ?
May I drink water ?	मे आए ड्रिंक वॉटर ?	
(B) Not now.	नॉट नाओ	अभी नहीं ।
79. (A) Shall I go to the washroom ?	शैल आए गो टु द वॉशरुम ?	क्या मैं शौचालय जाऊँ?
May I go to the washroom ?	मे आए गो टु द वॉशरुम ?	
(B) Come soon.	कम सून	जल्दी आना ।
80. Shall I bring it ?	शैल आए ब्रिंग इट ?	क्या मैं इसे ले आऊँ ?
May I bring it ?	मे आए ब्रिंग इट ?	
81. Shall we copy from the board ?	शैल वी कॉपी फ्रॉम द बोर्ड ?	क्या हम बोर्ड से उतार ले ?
May we copy from the board ?	मे वी कॉपी फ्रॉम द बोर्ड ?	
82. (A) Shall we start / May we start ?	शैल वी स्टार्ट / मे वी स्टार्ट ?	क्या हम शुरु करें ?
(B) May we write ?	मे वी राइट ?	क्या हम लिखे ?
83. Shall I buy this ?	शैल आए बाए दिस ?	क्या मैं इसे खरीदूँ ?
May I buy this ?	मे आए बाए दिस ?	
84. I can give the answer.	आए कैन गिव द आन्सर	मैं जवाब दे सकता हूँ ।
85. Ma'am, can I switch off the fan ?	मैम, कैन आए स्विच ऑफ द फैन ?	मैम, क्या मैं पंखा बंद कर सकता हूँ ?
86. Can I have your pen please ?	कैन आए हैव यॉर पॅन् प्लीज़ ?	क्या मैं आपका पॅन् ले सकता हूँ ?
87. Can we sit together ?	कैन वी सिट टुगैदर ?	क्या हम साथ बेठ सकते हैं ?
88. Can you hear me ?	कैन यू हियर मी ?	क्या आप मुझे सुन सकते हैं ?
89. Can you please get me a chalk ?	कैन यू प्लीज़ गॅट मी अ चॉक ?	क्या आप मेरे लिए एक चॉक ला सकते है ?
90. Can you help me ?	कैन यू हैल्प मी ?	क्या आप मेरी मदद कर सकते है ?
Will you help me ?	विल यू हैल्प मी ?	कया आप मेरी मदद करेंगे ?
91. Can I help you ?	कैन आए हैल्प यू ?	क्या मैं आपकी मदद कर सकता हूँ ?
Shall I help you ?	शैल आए हैल्प यू ?	क्या मैं आपकी मदद करूँ ?
92. Will you check my book ?	विल यू चॅक माय बुक ?	क्या तुम मेरी किताब जाँचोगे ?
93. Will you do this ?	विल यू डू दिस ?	क्या आप यह करोगे ?
94. I will complete my work by tomorrow.	आय विल कम्प्लीट माय वर्क बाय टुमॉरो	मैं अपना काम कल तक पूरा करुँगा ।
95. I will never talk to him again.	आय विल नैवर टॉक टु हिम अगेन	मैं उससे कभी बात नहीं करुँगा ।
96. Ma'am, my mother will come tomorrow.	मैम, माय मदर विल कम टुमॉरो	मैम, मेरी माँ कल आएगी ।

(C) Exclamations ! (चीत्कार)

#	हिन्दी	English	उच्चारण
1.	खूब किया, मैं बहुत खुश हूँ !	Well done , I am so happy !	वॅल् डन, आए ऐम सो हैप्पी !
2.	अहा हमने खेल जीत लिया है !	Hurrah / Hurray, we have won the match !	हुरें, वी हैव वन द मैच !
3.	शाबाश, खूब किया !	Bravo, well done !	ब्रावो, वॅल् डन !
4.	कितना आश्चर्यजनक !	How wonderful !	हाओ वण्डरफुल !
5.	चमत्कारपूर्ण विचार है !	Marvellous idea !	मार्विलिस आइडिया !
6.	बहुत बढ़िया विचार है !	Excellent idea !	ऍक्सीलिंट आइडिया !
7.	शुभकामनाएँ आपकी अच्छी सेहत के लिए !	Cheers for your good health !	चीयर्स फॉर यॉर गुड हॅल्थ !
8.	हार्दिक बधाई हो !	Heartiest congratulations !	हार्टीइस्ट कॉन्ग्रैचुलेशिन्स !
9.	बहुत बहुत धन्यवाद !	Many many thanks !	मैनी मैनी थैक्स !
10.	फूल कितने सुंदर है !	How lovely the flowers are !	हाओ लवली द फ्लार्स आर !
11.	ये गाना कितना मधुर है !	How sweet this song is !	हाओ स्वीट दिस सॉन्ग इज़ !
12.	कितना मनमोहक दृश्य था !	What a charming sight it was !	वॉट अ चारमिंग साइट इट वॉज़ !
13.	कितनी सुन्दर !	How beautiful !	हाओ ब्यूटीफुल !
14.	कितना भयानक दृश्य है !	What a horrible sight !	वॉट अ हॉरिबल साइट !
15.	कितने दुख की बात है !	What a tragedy !	वॉट अ ट्रैजडी !
16.	कितने शर्म की बात है !	What a shame !	वॉट अ शेम !
17.	कितना शर्मनाक !	How disgraceful !	हाओ डिस्ग्रेसफुल !
18.	अफसोस, मैं बर्बाद हो गया हूँ !	Oh, I am ruined !	ओह, आए ऐम रुइन्ड !
19.	अफसोस, हमने सब कुछ गंवा दिया है !	Alas, we have lost everything !	अलास, वी हैव लॉस्ट ऍवरीथिंग !
20.	कितना खेद है ! वह बिल्कुल बर्बाद हो गया है ।	What a pity ! he is completely ruined.	वॉट अ पिटी ! ही इज़ कम्प्लीटली रुइन्ड ।
21.	सावधान, वह धोखेबाज़ है !	Beware, he is a cheat !	बीवेर, ही इज़ अ चीट !
22.	है भगवान ! मुझे धोखा दिया गया है !	Oh my God ! I have been cheated !	ओ माय गॉड ! आए हैव बीन चीटिड !
23.	आपकी आयु लम्बी हो !	May you live long !	मे यू लिव लॉन्ग !
24.	भगवान की कृपा से ! हम अपनी मंज़िल पर पहुँच गए है ।	By God's grace ! we have reached our destination.	बाए गॉड्स ग्रेस ! वी हैव रीच्ड आर डॅस्टीनेशन ।
25.	भगवान आपको सुख दे !	May God bless you !	मे गॉड ब्लॅस यू !
26.	कितनी हैरानी की बात है ! मैंने आपको युगों के बाद देखा है ।	What a surprise ! I have seen you after ages.	वॉट अ सरप्राइज़ ! आए हैव सीन यू आफ्टर एजिज़ ।
27.	ओ प्रिय, मैं तुम्हें बहुत प्यार करती हूँ !	Oh dear, I love you intensely !	ओह डियर, आए लव यू इंटॅन्स्ली !
28.	बेशक !	Certainly !	सर्टिनली !
29.	वाह, यह मज़ेदार सैर थी !	Wow, that was a thrilling ride !	वाओ, दैट वॉज़ अ थ्रिलिंग राइड !
30.	शाबाश, तुमने पहेली सुलझा दी !	Brilliant, you solved the puzzle !	ब्रिलियन्ट, यू सॉल्व्ड द पज़ल !
31.	बहुत अच्छा, तुमने बहुत अच्छे अंक प्राप्त किये !	Awesome, you scored good marks !	ऑसम, यू स्कोर्ड गुड मार्क्स !
32.	ओह, तुम अच्छे लग रहे हो !	Oh, you look fantastic !	ओह, यू लुक फैन्टैस्टिक !
33.	बहुत अच्छा हमने यह सौदा तय कर लिया !	Fantastic, we closed the deal !	फैन्टैस्टिक, वी क्लोज़्ड द डील !
34.	ऐसा करने की जुर्त भी मत करना !	Don't you dare do this !	डोन्ट यू डैर डू दिस !
35.	अविश्वसनी, मैंने लॉटरी जीत ली !	Unbelievable, I won the lottery !	अनबिलीवेबल, आए वन द लॉटरी !
36.	उफ्फ, तुमने तो मुझे डरा ही दिया !	Gosh, you scared me !	गॉश, यू स्कैर्ड मी !
37.	शुक्र है भगवानका, हम घर आ गए !	Thank God, we are back home !	थैंक गॉड, वी आर बैक होम !
38.	मुझे विश्वास नहीं होता ! तुम यहाँ हो ।	I can't believe it ! you are here.	आए कान्त बिलीव इट ! यू आर हियर ।
39.	क्या शानदार पार्टी है !	What a grand party !	वॉट अ ग्रैन्ड पार्टी !
40.	शाबाश, आपने कर दिया है !	Bingo, you have done it	बिन्गो, यू हैव डन इट !

(D) Question Patterns

Wh+helping verb+sub+verb+obj.?

1.	What is the date today ?	आज की तारीख क्या है ?
2.	What was the date yesterday ?	कल क्या तारीख थी ?
3.	What will be the date tomorrow ?	कल क्या तारीख होगी ?
4.	What do you have in your bag ?	तुम्हारे पास बैग में क्या है ?
5.	What did you have in your bag ?	तुम्हारे पास बैग में क्या था ?
6.	What is there in your mind ?	तुम्हारे दिमाग में क्या है ?
7.	What was there in the room ?	रुम में क्या था ?
8.	What will there be in dinner ?	रात के भोजन में क्या होगा ?
9.	What do you give ?	तुम क्या देते हो ?
10.	What did you give ?	तुमने क्या दिया ?
11.	What have you given ?	तुमने क्या दिया है ?
12.	What had you given ?	तुमने क्या दिया था ?
13.	What are you giving ?	तुम क्या दे रहे हो ?
14.	What were you giving ?	तुम क्या दे रहे थे ?
15.	What have you been giving since January ?	तुम जनवरी से क्या दे रहे हो ?
16.	What had you been giving since January ?	तुम जनवरी से क्या दे रहे थे ?
17. (a)	What will you give ?	तुम क्या दोगे ?
17. (b)	What shall I give ?	मैं क्या दूँ ?
18.	What can you give ? / What are you able to give ?	तुम क्या दे सकते हो ? / तुम क्या दे पाते हो ?
19.	What could you give ? / What were you able to give ?	तुम क्या दे सकते थे ? / तुम क्या दे पाए ?
20.	What should you give ?	तुम्हें क्या देना चाहिए ?
21.	What must you give ?	तुम्हें क्या देना ही चाहिए ?
22.	What do you have to give ?	तुम्हें क्या देना है ?
23.	What did you have to give ?	तुम्हें क्या देना पड़ा ?
24.	What will you have to give ?	तुम्हें क्या देना होगा ?
25.	What would you give ?	तुम क्या देते थे ?
26.	What did you use to give ?	तुम क्या देते थे ?

Helping verb+sub+verb+obj.?

1.	Is the date 17th today ?	क्या आज १७ तारीख है ?
2.	Was the date 16th Yesterday ?	क्या कल १६ तारीख थी ?
3.	Will the date be 18th tomorrow ?	क्या कल १८ तारीख होगी ?
4.	Do you have money in your bag ?	क्या तुम्हारी बेग में पैसे है ?
5.	Did you have money in your bag ?	क्या तुम्हारे पास बेग में पैसे थे ?
6.	Is there any idea in your mind ?	क्या तुम्हारे दिमाग में कोई विचार हैं ?
7.	Was there a mobile in your room ?	क्या तुम्हारे रुम में एक मोबाइल था ?
8.	Will there be pasta in the dinner ?	क्या दिनर में पास्ता होगा ?
9.	Do you give ?	क्या तुम देते हो ?
10.	Did you give ?	क्या तुमने दिया ?
11.	Have you given ?	क्या तुमने दिया है ?
12.	Had you given ?	क्या तुमने दिया था ?
13.	Are you giving ?	क्या तुम दे रहे हो ?
14.	Were you giving ?	क्या तुम दे रहे थे ?
15.	Have you been giving since January ?	क्या तुम जनवरी से दे रहे हो ?
16.	Had you been giving since January ?	क्या तुम जनवरी से दे रहे थे ?
17.	(a) Will you give ?	क्या तुम दोगे ?
17.	(b) Shall I give ?	क्या मैं दे दूँ ?
18.	Can you give ? / Are you able to give ?	क्या तुम दे सकते हो ? / क्या तुम दे पाते हो ?
19.	Could you give ? / Were you able to give ?	क्या तुम दे सकते थे ? / क्या तुम दे पाए ?
20.	Should you give ?	क्या तुम्हें देना चाहिए ?
21.	Must you give ?	क्या तुम्हें देना ही चाहिए ?
22.	Do you have to give ?	क्या तुम्हें देना है ?
23.	Did you have to give ?	क्या तुम्हें देना पड़ा ?
24.	Will you have to give ?	क्या तुम्हें देना पडेगा ?
25.	Would you give ?	क्या तुम देते थे ?
26.	Did you use to give ?	क्या तुम देते थे ?

(E) Self Introduction

A. Format :

I am (नाम)_________________________________ My name is_____________________

I am _________________years old.　　　　　I live in_________________________________

I study in _________________, I am (पद)_________________I work as a _____________________________

About my education, I have done _________________________________.

Regarding my family,

My father (नाम)_____________________is a (व्यवसाय) _____________________.

My mother (नाम) _____________________is a (व्यवसाय) _____________________.

We are _____________________ siblings. (सिबलिंग्ज़ / भाई-बहिन)

I like _________________________________.

I don't like _________________________________.

My favourite pastime is _________________________________.

I am good at _________________________________.

My aim in life is to become _________________________________/ I want to become a _____________________.

B. Style

1. Good morning, Everyone !	सुप्रभात सभी को मेरा नमस्कार
2. Let me introduce myself.	चलो मैं अपना परिचय स्वयं देता हूँ।
3. My name is Aman, my friends call me 'Awesome Aman'.	मेरा नाम अमन है। वैसे मेरे दोस्त मुझे 'शानदार अमन' कहते है।
4. I belong to Pune, the beautiful city.	मैं खूबसूरत शहर पूणे से हूँ।
5. Regarding my education, I am a student.	मेरी शिक्षा के संदर्भ में, मैं विद्यार्थी हूँ।
6. I love to learn about inventions & discoveries.	मुझे आविष्कार और खोज के बारे में जानना बेहद पसंद है।
7. I dont like to do homework.	मुझे गृहकार्य करना अच्छा नहीं लगता है।
8. Though I like to attend my school, but holidays are wonderful.	हालांकि मुझे विद्यालय जाना अच्छा लगता है, परंतु छुट्टियाँ लाजवाब है।
9. Now about my family-	अब मेरे परिवार के बारे में
10. My father, is a man of principles & a successful businessman.	मेरे पिताजी उसूलों पे चलने वाले और एक कामयाब व्यापारी है।
11. My mother, is a successful homemaker & a lovely mom.	मेरी माता एक शानदार गृहिणी और प्यारी माँ है।
12. We are 2 brothers, I am the elder one & so every time I have to take up the responsibility.	हम दो भाई है। मैं बड़ा हूँ और इसलिए हर ज़िम्मेदारी मुझे ही निभानी पड़ती है।
13. About me I am daring, helpful & a loyal boy.	मेरे बारे में मैं एक जाँबाज, मददगार और एक वफादार लड़का हूँ।
14. My favorite pastime is to play cricket with my street gang in our colony playground.	मुझे फुर्सत में अपनी गली के दोस्तों के साथ हमारे कॉलोनी के ग्राउंड में क्रिकेट खेलना पसंद है।
15. I am also good at my studies, as my aim is to become a astroner.	मैं अपनी पढ़ाई में भी निपुण हूँ क्योंकि एक अस्ट्रोनर बनना मेरा लक्ष्य है।

F. Etiquettes (ऐटीकेट्स) शिष्टाचार

हिन्दी में	In English
1. क्या मैं अंदर आ सकता हूँ ?	May I come in ?
2. नमस्कार, क्या हालचाल हैं ?	Good morning, how are you ?
3. आपका शुभ नाम ?	Your good name please ?
4. मैं अपना परिचय स्वयं देता हूँ।	Let me introduce myself. इन्ट्रडियूस
5. मेरा नाम राजन है।	My name is Rajan.
6. अन्दर पधारिये, आपका स्वागत है।	Please come in, you are welcome.
7. कृप्या बिलकुल आराम से बैठिये।	Please be seated and feel at home / comfortable.
8. क्षमा कीजिये देर हो गयी।	Excuse me for being late. ऐक्सक्यूज़
9. अच्छा कोई बात नहीं।	Well, never mind.
10. क्या आप मुझ पर एक कृपा कर सकते है ?	Could you please do me a favour ? फ़ेवर
11. मैं अपनी पूरी कोशिश करुँगा।	I will try my level best.
12. क्या आप चाय लेना पसन्द करेंगे ?	Would you like to have tea ?
13. हाँ, मैं चाय लेना पसन्द करुँगा।	Yes, I would like to have tea.
14. मुझे उम्मीद है कि आप आनन्द ले रहे हैं।	I hope you are enjoying yourself / yourselves.
15. अवश्य, हर तरह से।	Sure, by all means.
16. मैं आपका बड़ा आभारी हूँ।	I am very much grateful to you. ग्रेटफुल
17. क्या मैं जाऊँ?	Shall i go ?
18. आपसे मिल कर खुशी हुई।	Glad to meet you / Nice to meet you. ग्लैड
19. हम एक दूसरे से अच्छी तरह परिचित है।	We are well known to each other.
20. उनसे मेरा थोड़ा बहुत परिचय है।	I have a little acquaintance with him. ऐकुविंटिन्स
21. थोड़ी सी कृपा ओर करिये।	Do me a little more favour.
22. क्षमा करें मुझे तनिक विलम्ब हो सकता है।	Excuse me, I may be a bit late.
23. कष्ट के लिए मुझे खेद है।	I am sorry for the trouble. ट्रबल
24. मुझे अफ्सोस है, मैं उस दिन यह नहीं कर सका।/ नहीं आ सका।	I'm sorry, I couldn't make it that day.
25. मुझे इसके लिए बड़ा अफसोस है।	I am very sorry for it.
26. क्षमा करें, गलती से हो गया।	Excuse me, it was by mistake.
27. मेरी ओर से क्षमा माँग लीजिये।	Ask for my apologies. अपॉलॉजीज़
28. कितने बजे है ?	What's the time, please ?
29. क्या मैं आपकी पत्रिका देख सकता हूँ ?	May I have your magazine, please ?
30. अवश्य, खुशी से।	Sure, with pleasure. प्लैज़्शर
31. क्या आप महिलाओं का स्थान खाली करेंगे ?	Would you mind vacating ladies seat ?
32. क्या आप थोड़ा खिसकने का कष्ट करेंगे ?	Would you mind moving a bit ?
33. क्या आप यह कर देंगे ?	Would you mind doing it ?
34. यह मिठाई की तश्तरी इधर कर दीजिये।	Please pass on this sweet dish.
35. मेरे योग्य कोई कार्य सेवा ?	Any service for me ?
36. कृप्या ध्यान दीजिये।	May I have your Attention, please ? अटॅन्शन
37. असुविधा के लिए खेद है।	Sorry for the inconvenience. इन्कन्वीनीयन्स
38. कृप्या स्वयं अपनी मदद करें।/ आप खाना लीजिये।	Please help yourself.
39. आपकी मूल्यवान राय के लिए धन्यवाद।	Thank for you kind / valuable advice. वैल्यूएबल
40. अब हम जाने की इजाज़त चाहेंगे।	We would like to take your leave now.

(G) Duties, Desires & Likes (दायित्व, इच्छाएँ और पसन्द)

1. DUTIES - HAVE TO, करना है।

I / We / you / they + have to + V1 + Obj. (ऐसा करना है।) **He / She / It + has to + V1 + Obj.**

1. I have to complete my home work. | आए हैव टू कम्पलिट माॅय होमवर्क। | मुझे अपना गृहकार्य पूरा करना है।
2. You have to write a story on this topic. | यू हैव टू राईट अ स्टोरी ऑन दिस टाॅपिक। | आपकों इस विषय पर कहानी लिखनी है।
3. We have to go to school today. | वी हैव टू गो टू स्कूल टूडे। | हमें आज विद्यालय जाना है।
4. He (Mr. Sharma) has to pay the fees in two days. | ही (मि. शर्मा) हैज़ टू पेय द फिस इन टू डेज़ | शर्माजी को दो दिन के अन्दर फिस जमा करानी है।

I / We / you / they + don't have to + V1 + Obj. (ऐसा नहीं करना है।) **He / She / It + doesn't have to + V1 + Obj.**

1. I don't have to do my home work. | आए डोन्ट हैव टू डू माॅय होमवर्क। | मुझे अपना गृहकार्य नहीं करना है।
2. You don't have to write a story on this topic. | यू डोन्ट हैव टू राईट अ स्टोरी ऑन दिस टाॅपिक। | आपकों इस विषय पर कहानी नहीं लिखनी है।
3. We don't have to go to school today. | वी डोन्ट हैव टू गो टू स्कूल टूडे। | हमें आज विद्यालय नहीं जाना है।
4. He doesn't have to pay the fees in two days. | ही डज़न्ट हैव टू पेय द फिस इन टू डेज़। | शर्माजी को दो दिन के अन्दर फिस नहीं जमा करवानी है।

Do + I / We / you / they + have to + V1 + Obj. (क्या ऐसा करना है ?) **Does + He / She / It + have + V1 + Obj.**

1. Do I have to do my home work ? | डू आए हैव टू डू माॅय होमवर्क ? | क्या मुझे अपना गृहकार्य पूरा करना है ?
2. Do you have to write a story on this topic ? | डू यू हैव टू राईट अ स्टोरी ऑन दिस टाॅपिक ? | क्या आपको इस विषय पर कहानी लिखनी है ?
3. Do we have to go to school today ? | डू वी हैव टू गो टू स्कूल टूडे ? | क्या हमें आज विद्यालय जाना है ?
4. Does he have to pay the fees ? | डज़ ही हैव टू पेय द फिस ? | क्या उसे फिस जमा करवानी है ?

Conversation

1. Do you have to buy this watch ? | क्या तुम्हें यह घड़ी खरीदनी है ?
Ans. Yes, I have to buy this watch. | हाँ, मुझे यह घड़ी खरीदनी है।
2. Do we have to bring the book tomorrow ? | क्या हमें कल किताब लानी है ?
Ans. No, you have to bring it after 2 days. | नहीं, आपको दो दिन बाद लानी है।
3. Does Salman have to call everyone ? | क्या सलमान को सबको काॅल करना है ?
Ans. No, everyone has to pass the information to each other. | नहीं, सबको एक – दूसरे को सूचना देनी है।
4. Don't we have to copy it again ? | क्या, हमें दूबारा तो नहीं उतारना है ?
Ans. This is the wrong answer. You have to copy again. | यह गलत उत्तर है, तुम्हे दूबारा उतारना है।

2. DESIRES - WANT TO, करना चाहते है।

I want to + V1 + Obj. (ऐसा करना चाहते हैं)

1. I want to become a doctor. | मैं एक चिकित्सक बनना चाहता हूँ।
2. I want to make a movie. | मैं एक फिल्म बनाना चाहती हूँ।
3. I want to study. | मैं पढ़ना चाहती हूँ।
4. I want to eat an ice cream. | मैं एक आइस्क्रीम खाना चाहता हूँ।
5. I want to learn new things. | मैं नई चीज़े सीखना चाहता हूँ।
6. I want to travel across the world. | मैं पूरी दुनिया की यात्रा करना चाहती हूँ।

I don't want to + V1 + Obj. (ऐसा नहीं करना चाहते है)

1. I don't want to eat spinach.   मैं पालक नहीं खाना चाहता हूँ।
2. I don't want to disturb you.   मैं तुम्हें परेशान नहीं करना चाहती हूँ।
3. I don't want to go out with you.   मैं तुम्हारे साथ बाहर नहीं जाना चाहती हूँ।
4. I don't want to become fat.   मैं मोटा नहीं बन्ना चाहता हूँ।

Do you want to + V1 + Obj. (क्या आप ऐसा करना चाहते है ।)

Q.1. Do you want to become an engineer ?   क्या आप इंजीनियर बनना चाहते हो ?
Ans. No, I want to become a doctor.   नहीं, मैं डॉक्टर बनना चाहता हूँ।
Q.2. Do you want to drive my vehicle ?   क्या आप मेरा वाहन चलाना चाहते हो ?
Ans. Yes, I want to drive your SUV.   हाँ, मैं आपकी एस यू वी चलाना चाहता हूँ।
Q.3. Do you want to come with me ?   क्या आप मेरे साथ आना चाहते हो ?
Ans. Well, I want to come with you, but I am busy.   वैसे तो, मैं आपके साथ आना चाहती हूँ , परन्तु मैं व्यस्त हूँ।
Q.4. Do you want to eat pizza ?   क्या आप पिज़्ज़ा खाना चाहते हो ?
Ans. Yeah, I love to eat Pizza. It's very yummy.   हाँ, मैं पिज़्ज़ा खाना बहुत पसन्द करता हूँ। यह बहुत स्वादिष्ट हैं।
Q.5. Do you want to invest money ?   क्या आप धन निवेश करना चाहते हो ?
Ans. Well, I want to invest money wisely.   हाँ, मैं होशियारी से धन निवेश करना चाहती हूँ।
Q.6. Do you want to change your room ?   क्या आप अपना कमरा बदलना चाहते हो ?
Ans. Yeah, I want to change my room.   हाँ, मैं अपना कमरा बदलना चाहता हूँ।

3. LIKES - LIKE TO, करना पसन्द करते है ।

(I) I like to + V1+ Obj. (ऐसा करना पसन्द करते है)

1. I like to dance.   मैं नाचना पसन्द करती हूँ।
2. I like to eat burger.   मैं बर्गर खाना पसन्द करती हूँ।
3. I like to read novels.   मैं उपन्यास पढ़ना पसन्द करती हूँ।
4. I like to travel.   मैं यात्रा करना पसन्द करता हूँ।

(II) I don't like to + V1 + Obj. (ऐसा करना पसन्द नहीं करते हैं) **I don't like + Ving + Obj.**

1. I don't like sitting here.   मैं यहाँ बैठना पसन्द नहीं करता हूँ।
2. I don't like to travel.   मैं यात्रा करना पसन्द नहीं करता हूँ।
3. I don't like to lie to my parents.   मैं अपने अभिभावकों से झूठ बोलना पसन्द नहीं करती हूँ।
4. I don't like cheating any body.   मैं किसी को धोखा देना पसन्द नहीं करता हूँ।

Do you like to + V1 + Obj. ? (क्या आप ऐसा करना पसन्द करते है ?) **/ Do you like + Ving + Obj. ?**

Q.1. Do you like to read story books ?   क्या आप कहानी की किताबें पढ़ना पसन्द करते हो ?
Ans. No, I don't like to read story books.   नहीं, मैं कहानी की किताबें पढ़ना पसन्द नहीं करता हूँ।
Q.2. Do you like to work with me ?   क्या आप मेरे साथ कार्य करना पसन्द करते है ?
Ans. Yeah, I love to work with you.   हाँ, मैं आपके साथ कार्य करना बहुत पसन्द करता हूँ।
Q.3. Do you like driving ?   क्या आप कार चलाना पसन्द करते हो ?
Ans. No, I don't like driving, especially in the city.   नहीं, मैं कार चलाना पसन्द नहीं करता, विशेष रुप से शहर में ।
Q.4. Do you like writing ?   क्या आप लिखना पसन्द करते हो ?
Ans. Yes, I write stories for the film industry.   हाँ, मैं फिल्म उद्योग के लिए कहानियाँ लिखती हूँ।
Q.5. Do you like to attend such parties ?   क्या तुम ऐसी पार्टियों में शामिल होना पसन्द करते हो ?
Ans. No, seriously they are boring.   नहीं, वास्तव में वह बोरियत भरी होती है ।
Q.6. Do you like to makeover your room often ?   क्या आप अक्सर अपने कमरे में बदलाव करना पसन्द करते हो ?
Ans. Yeah, I do it every six months.   हाँ, मैं हर छ: महीने में करती हूँ।

CONVERSATIONS

(A). Home Conversations घर में होने वाले वार्तालाप

Conversation - 1

A.	Good morning, Preeti.	सुप्रभात, प्रिति ।
B.	Good morning, mom. Where's daddy?	सुप्रभात माँ । पापा कहाँ है ?
A.	He's in the bathroom.	वह बाथरुम में है ।

Conversation - 2

A.	Where's Rocky?	रॉकी कहाँ है ?
B.	In the bedroom.	कमरे में है ।
A.	What is he doing?	वह क्या कर रहा है ?
B.	He is sleeping. Don't disturb him.	वह सो रहा है । उसे परेशान मत करना ।

Conversation - 3

A.	Mummy, I am hungry. Please give me food.	माँ, मुझे भूख लगी है । कृपया खाना दीजिए ।
B.	Wash your hands properly.	अपने हाथ अच्छे से धो लो ।
A.	Right mom.	अच्छा माँ ।
B.	Son, chew your food well.	बेटा, खाने को ढंग से चबा कर खाओ ।
A.	OK, mom.	ठीक है, माँ ।

Conversation - 4

A.	Shall I go to the market?	क्या मैं बाज़ार जाऊँ ?
B.	Don't go alone, go with your sister.	अकेले मत जाओ, अपनी बहन के साथ जाओ ।
A.	OK, mom.	ठीक है, माँ ।

Conversation - 5

A.	Can I have breakfast?	क्या मुझे नाश्ता मिल सकता है ?
B.	Certainly.	निश्चित रुप से ।
A.	What's for the breakfast?	नाश्ते के लिए क्या है ?
B.	Bread and butter.	डबल रोटी और मक्खन ।
A.	I love bread and butter.	मुझे डबलरोटी और मक्ख़न बहुत पसन्द है ।
B.	Get up, wash your hands first.	उठो, पहले तुम्हारे हाथ धो लो ।

Conversation - 6

A.	Sunny, come here.	सनी, यहाँ आओ ।
B.	What happened mom?	क्या हुआ माँ ?
A.	Sunny, go to the market and buy some fruits and vegetables.	सनी, बाजार जाओ और कुछ फल और सब्ज़ीयाँ खरीद लाओ ।
B.	Yes mom, give me the money.	जी माँ, मुझे पैसे दीजिए ।
A.	Take Rs. 200/-from the almirah and come fast.	अलमारी से 200 रुपये ले लो और जल्दी आना ।

Conversation - 7

A. I want to invite you for my birthday party.	मैं आपको मेरे जन्मदिन की पार्टी का आमंत्रण देना चाहता हूँ ।
B. I will come, thank you for inviting me.	मैं आऊँगा, आमंत्रण देने के लिए धन्यवाद ।
A. Please be on time.	कृपया समय पर आइएगा ।
B. Yeah sure, I will.	हाँ जरुर, मैं आऊँगा ।

Conversation - 8

A.	Hi, Sis!	हाय, बहना !
B.	Oh; hello brother! What are you doing?	ओह, हलो भय्या ! आप क्या कर रहे है ?
A.	Doing my homework.	मै मेरा गृहकार्य कर रहा हूँ ।
B.	I don't have any homework.	मेरे पास कोई गृहकार्य नहीं है ।
A.	That's great. You are so lucky.	बहुत अच्छे । तुम बहुत नसीब वाली हो ।

Conversation - 9

A.	Good evening Rita!	शुभ सांयकाल रीता !
B.	Good evening!	शुभ सांयकाल !
A.	Whose car is that?	वह किसकी कार है ?
B.	It's my aunt's car.	यह मेरी चाची की कार है ।
A.	Ok, where is she from?	ठीक है, वो कहाँ से है ?
B.	My aunt is from Mumbai and has come today.	मेरी चाची मुम्बई से है और आज आई है ।
A.	Why?	क्यो ?
B.	She has come to celebrate her anniversary.	वो यहाँ अपनी शादी की सालगिरह मनाने आई है ।
A.	Heartiest congratulations to your aunt!	आपकी चाची को हार्दिक शुभकामनाएँ ।
B.	Thanks, join us for the party at 7:00.	धन्यवाद, हमारे साथ 7 बजे पार्टी में शामिल होना ।

Conversation - 10

A.	Thanks for all the help Raj.	मदद के लिए धन्यवाद राज ।
B.	You are welcome, Maya.	आपका स्वागत है, माया ।
B.	Please let me know, if you need anything else.	अगर कोई और चीज़ की आवश्यकता हो तो मुझे बताना ।

Conversation - 11

H:	Hello uncle, how are you?	नमस्ते अंकल, आप कैसे हो ?
G:	I am awesome.	मैं बहुत अच्छा हूँ ।
H:	Please come in and have a seat.	कृपया अन्दर आइए और बैठिए ।
G:	Thank you.	धन्यवाद ।
H:	Would you like to have tea?	क्या आप चाय लेना पसन्द करेंगे ?
G:	No, Thank you.	नहीं, धन्यवाद ।

Conversation - 12.

G.	In which school do you study?	तुम कौन से विद्यालय में पढ़ती हो ?
H.	I am in.......................School.	मैं ....स्कूल में हूँ ।
G.	In which class do you study?	तुम कौनसी कक्षा में पढ़ती हो।
H.	I am in .... class.	मैं.........................कक्षा में पढ़ती हूँ ।
G.	Where is your sister?	तुम्हारी बहन कहा है ?
H.	She is at the tuitions.	वह कोचिंग पर है ।
G.	In which class is she?	वह कौनसी कक्षा में है ?

Conversation - 13

G.	The parathas are very good.	परांठे बहुत अच्छे हैं ।
H.	Thank you, please have one more.	धन्यवाद, कृपया एक और लीजिए ।
G.	No thanks. I've had enough.	नहीं धन्यवाद । मैंने बहुत ले लिया है ।
H.	Take some fruits, then.	तो, कुछ फल लीजिए ।

Conversation - 14

A.	Congratulations!	बधाई हो !
B.	Thank you and welcome.	धन्यवाद ओर आपका स्वागत है ।
A.	Where are the newly weds?	नया शादीशुदा जोड़ा कहाँ है ?
B.	There in the hall.	वहाँ हॉल में ।
A.	Congratulations, Rohit! Your bride is really lovely!	बधाई हो, रोहित ! तुम्हारी दुल्हन बहुत प्यारी है !
C.	Thank you aunt.	धन्यवाद चाचीजी ।

Conversation - 15

A.	Hello Mr..Sharma! How are you?	हलो श्री शर्मा जी ! आप कैसे हो ?
B.	Fine, thank you Mr. Mehra, and you?	अच्छा हूँ धन्यवाद श्री मेहरा, और आप ?
A.	Fine, where is Mrs. Sharma?	अच्छा हूँ, श्रीमती शर्मा कहाँ है ?
B.	She is not in town. She has gone to Chandigarh to attend her sister's wedding.	वह नगर में नहीं है । उनकी बहन की शादी में शामिल होने के लिए चंडीगढ़ गई है ।

Conversation - 16

A.	Good morning, mother.	सुप्रभात माँ ।
B.	Good morning. Have you brushed your teeth ?	सुप्रभात क्या तुमने दंतमंजन कर लिया है ?
A.	Yes, I have.	हाँ, मैने कर लिया है ।
B.	Good girl.	अच्छी बच्ची ।

Conversation - 17

A.	What's for lunch ?	दोपहर के खाने में क्या है ?
B.	Spinach.	पालक ।
A.	No, I don't like spinach.	नहीं।, मुझे पालक पसन्द नहीं है ।
B.	Come on, eat it.	चलो, इसे खा लो ।

Conversation - 18

A.	Mom, please give me some money.	माँ, कृप्या मुझे कुछ रुपये दीजिए ।
B.	Why ?	क्यों ?
A.	I want a new game.	मुझे एक नया गेम चाहिए ।
B.	No, finish your homework.	नहीं, अपना गृहकार्य खत्म करो ।
A.	I have done my homework.	मैंने अपना गृहकार्य कर लिया है ।
B.	Good. Take it.	अच्छा । ये लो ।

Conversation - 19

A.	Reena please come with me to the market.	रीना कृप्या मेरे साथ बाज़ार चलो ।
B.	Why ?	क्यों ?
A.	I have money for a new game.	मेरे पास नये गेम के लिए पैसे है ।
B.	OK, Let's go. Which one ?	ठीक है, चलो चलें । कौनसा वाला ?
A.	Let\s see in the shop.	चलो दुकान पर देखते है ।

Conversation - 20

A. You hold grandfather's hand, Ravi. रवि, तुम दादाजी का हाथ पकड़ो ।
B. Yes mom. हाँ माँ ।
A. Can I hold your hand, grandma ? दादीजी, क्या मैं आपका हाथ पकड़ लूँ ?
B. Sure, my sweetheart. ज़रूर, मेरी लाड़ली ।

Conversation - 21

A. Oh ! I'm sleepy. ओह ! मुझे नींद आ रही है ।
B. You're tired. But finish your dinner first. तुम थक गयी हो । परन्तु पहले अपना भोजन समाप्त कर लो ।

A. Serve me a little mom. मुझे थोड़ा ही परोसे, माँ ।
B. Certainly, but wash your hands first. बिल्कुल, परन्तु पहले अपने हाथ धो लो ।
A. Ok, mom. ठीक है, माँ ।

Conversation - 22

A. Mom, where is my school uniform ? माँ, मेरी स्कूल की वर्दी कहाँ है ?
B. It is there in your wardrobe. वह तुम्हारे कपड़ो की अलमारी में है ।
A. It is not here. वह यहाँ नहीं है ।
B. Check it near the ironing board. इस्त्री करने के बोर्ड के पास देख लो ।

Conversation - 23

A. Sunny, call your father at the dining table. सनी, तुम्हारे पिताजी को डाइनिंग टेबल पर बुलाओ ।
B. Yes mom. हाँ माँ ।
A. Tell him to come fast. उन्हें कहो जल्दी आए ।
B. Dad, dinner has been laid. पिताजी, खाना लग गया है ।

Conversation - 24

H. What would ou like to have, tea or coffee ? आप क्या लेना पसन्द करेंगे, चाय या कॉफी?
G. I would like to get fresh first. मैं पहले मुँह हाथ धोना पसन्द करुँगा ।
H. Yes, of course, Let me show you the bathroom. हाँ, ज़रुर । मैं आपको स्नानघर बता देता हूँ ।
G. Thanks. धन्यवाद ।

Conversation - 25

H. What would you like to have for breakfast ? आप नाश्ते में क्या लेना पसन्द करेंगे ?
G. Anything will do. कुछ भी चलेगा ।
H. Do you like stuffed potato paranthas ? क्या आप भरवा आलु के परांठे पसन्द करते है ?
G. Oh, yes ! I like them very much. ओह, हाँ ! मैं बहुत पसन्द करता हूँ ।

Conversation - 26

H. Welcome. स्वागत है ।
G. Thank you. धन्यवाद ।
H. This is our guest room, please have a seat. यह हमारा अतिथि कक्ष है, कृप्या स्थान ग्रहण करें ।
G. Wow ! It's wonderful ! Are you having a reading room ? वाह ! शानदार है ! क्या तुम्हारे यहाँ अध्ययन कक्ष है ?
H. That's the hall. Behind the hall there is a reading room. वह हॉल है । हॉल के पीछे अध्ययन कक्ष है ।

(B) Telephonic Conversations दूरभाषा वार्तालाप

Conversation-1

A. Hello ! I want to book 3 tickets of Krish-3.
B. Sure sir ! Which show ?
A. 5:30 show.
B. Sorry Sir, its houseful.

हैलो ! मुझे कृष–३ की तीन टिकट बुक करवानी है ।
ज़रुर सर ! कौनसा शो ?
५:३० वाला शो ।
क्षमा करे सर यह हाउसफुल है ।

Conversation-2

A. Hello !
B. Hello, Sitara, this is Arun.
A. Hi, Arun ! What's up ?
B. Nothing much just remember we have a test.
A. Thanks for reminding me.
B. Will you surely come ?
A. I will definitely come.

हैलो !
हैलो, सितारा, मैं अरुण हूँ ।
हाए अरुण ! क्या चल रहा है ?
कुछ ज़्यादा नहीं बस याद रखना परीक्षा है ।
याद दिलाने के लिए धन्यवाद ।
क्या तुम निश्चित रुप से आओगे ?
मैं निश्चित रुप से आऊँगा ।

Conversation-3

A. Hello !
B. Hello !
A. May I know who is calling please ?
B. Seema on line.
A. Will you speak a bit louder ?
B. I said Seema on line.
A. I'm afraid you've got the wrong number.
B. Sorry to bother you.

हैलो !
हैलो !
क्या मैं जान सकता हूँ किसने फोन किया है ?
मैं सीमा हूँ ।
क्या आप थोड़ा ज़ोर से बोलेंगे ?
मैंने कहाँ मैं सीमा बोल रही हूँ ।
मुझे अफसोस है कि आपने गलत नम्बर लगा लिया है ।
माफ करना आपको परेशानी हुई ।

Conversation-4

A. Hello ! Government Science College !
B. Hello ! Could you tell me when will you issue application forms for B.Sc. 1st year ?
A. From 20th April.
B. What's the price of a form ?
A. Rs. 50/-
B. Thank you.

हैलो ! सरकारी विज्ञान महाविद्यालय !
हैलो ! क्या आप बता सकते हो कि बी.एस.सी. प्रथम वर्ष के एप्लीकेशन फॉर्मस कब जारी करेंगे ?
२० अप्रैल से ।
एक फार्म की कीमत क्या है ?
५० रुपये ।
धन्यवाद ।

Conversation-5

A. Hello !
B. Hello, Can I speak to Dr. Narsimha please ?
A. Which number did you dial ?
B. 52419673
A. I'm afraid you've got the wrong number.
B. Oh, I'm sorry.

हैलो !
हैलो ! क्या मै डॉक्टर नर्सिम्हा से बात कर सकता हूँ ?
आपने कौनसा नंबर लगाया है ?
५२४१९६७३
मुझे अफसोस है आपने गलत नम्बर लगाया है ।
माफ करना ।

Conversations - 6

A. Hello ! May I speak to Ali ? हैलो ! क्या मैं अली से बात कर सकता हूँ ?

B. Yes this is Ali speaking. हाँ, मैं अली बोल रहा हूँ ?

  May, I know who is speaking? क्या, मैं जान सकता हूँ कौन बोल रहा है ?

A. I am your friend Rajan. मैं तुम्हारा मित्र राजन हूँ ।

Conversations - 7

A. Hello! Have you completed your work? हैलो ! क्या तुमने अपना कार्य समाप्त कर दिया है ?

B. No, I have to complete it. नहीं, मझे समाप्त करना है ।

A. Ok, call me after finishing it. ठीक है । समाप्त करने के बाद मुझे फोन करना ।

B. Ok, bye! ठीक है, अलविदा !

Conversations - 8

A. Hello mom! How are you? हैलो माँ ! आप कैसे हो?

B. I am good. What about you? मैं अच्छी हूँ, तुम्हारे बारे में बताओ ?

A. I am awesome. मैं बहुत अच्छी हूँ ।

B. Ok, darling. I am busy. Talk to you later. ठीक है मेरी प्यारी बिटिया। मैं व्यस्त हूँ। बाद में बात करती हूँ।

Conversations - 9

A. Could you please do me a favour ? क्या आप मुझ पर कृपा कर सकते है ?

B. Yes, tell me. हाँ, कहो ।

A. Will you tell Ma'am that I will not be able to come tomorrow? क्या तुम मैम को कह दोगे कि मैं कल नहीं आ पाऊँगी ?

B. Sure, why not. जरुर, क्यों नहीं ।

A. Thank you. धन्यवाद ।

Conversations - 10

A. Hello ! हैलो !

B. Hello ! हैलो !

A. Could I speak to Suzy, please ? कृपया, क्या मैं सुज़ी से बात कर सकती हूँ ?

B. May I know who is calling, please ? क्या मैं जान सकता हूँ किसने फोन किया है ?

A. Rita here. मै रीटा हूँ ।

B. Hold on for a minute. एक मिनिट रुकिये।

(C) Shopping Conversations- खरीदारी सम्बंधी वार्तालाप

Conversation - 1

A.	What's the price of this book?	इस किताब की कीमत क्या है ?
B.	The price is Rs. 25/-.	इसकी कीमत 25 रुपये है ।
A.	Please give me a book.	कृपया मुझे एक किताब दीजिए ।
B.	Ok, take it.	ठीक है, यह लो ।
A.	Thank you.	धन्यवाद ।

Conversation - 2

A.	Do you have a red pen?	क्या आपके पास लाल पॅन् है ?
B.	Yes.	हाँ ।
A.	Please show me a cello pen.	कृपया मुझे सॅलो पॅन् दिखाओ ।
B.	Ok, take this.	ठीक है, यह लीजिए ।
A.	Thank you.	धन्यवाद ।

Conversation - 3

A.	Can I help you?	क्या मैं आपकी मदद कर सकता हूँ ?
B.	Yes, how much is that skirt for?	हाँ, वह सर्ट कितने का है ?
A.	It's for Rs. 400/-.	यह 400 रुपये का है ।
B.	Can I try it on?	क्या मैं इसे पहन कर देख सकती हूँ ?
A.	Yes, what is your size?	हाँ, आपकी क्या साइज़ हैं ?
B.	I don't know exactly.	मुझे सही–सही नहीं पता ।
	Where is the changing room?	चेज़िंग रुम कहा है ?
A.	Ok, try size 10, the changing room is over there.	ठीक है, 10 की साईज ट्राई करो, बदलने का कमरा उस तरफ है ।

Conversation - 4

A.	Please pack these, and prepare the bill.	कृपया इसे पैक करे, और बिल बनाए ।
B.	Ma'am here is your packet and this is the bill.	मैम, यह रहा आपका पैकिट और यह रहा बिल ।
A.	Where should I pay it?	मैं कहाँ भुगतान करूँ ?
B.	On the counter at the exit door, please.	कृपया उस काउंटर पर जो निकास द्वार पर है ।

(D) Health Conversations- स्वास्थय सम्बंधी वार्तालाप

Patient - P   Doctor - D

Conversation - 1

P.	Hello doctor !	नमस्ते डॉक्टर ।
D.	What happened?	क्या हुआ ?
P.	I am suffering from headache.	मैं सिरदर्द से पीड़ित हूँ ।
D.	Ok, I am <u>prescribing</u> some medicines.(प्रिस्क्राइबिंग)	ठीक है, मैं तुम्हें कुछ दवाइयाँ लिखकर दे रहा हूँ ।
P.	Thank you.	धन्यवाद ।

Conversation - 2

P.	Hello doctor! I am having toothache.	नमस्ते डॉक्टर ! मुझे दाँत में दर्द है ।
D.	Do you eat chocolates?	क्या आप चॉकलिट्स खाते हो ?
P.	Yes, but not much.	हाँ, परन्तू ज़्यादा नहीं ।
D.	Do not eat much and let me check.	ज्यादा मत खाओ और मुझे जाँचनें दो।

Conversation - 3

D.	What is the problem?	क्या समस्या है ?
P.	I have a <u>severe</u> cold.	मुझे <u>तीव्र</u> जुखाम है । (सिव्यर)
D.	Since when have you been suffering?	तुम कितने समय से पीड़ित हो ?
P.	For two days.	दो दिन से ।
D.	Ok, take these medicines & also take <u>precautions.</u> in this weather.(प्रिकॉशिन्स)	ठीक है, ये दवाईयाँ लों और इस मैसम में सावधानी बरतें ।

Conversation - 4

A.	What happened?	क्या हुआ ?
B.	Mom, I am feeling feverish.	माँ, मैं बुखार जैसा महसूस कर रहा हूँ ।
A.	Let's go to the doctor.	चलो चिकित्सक के पास चले ।
B.	Ok, mom.	ठीक है, माँ ।

Conversation - 5

A.	Hi ! How are you?	नमस्ते ! तुम कैसे हो ?
B.	I am not feeling well.	मैं अच्छा महसूस नहीं कर रहा हूँ ।
A.	Why?	क्यों ?
B.	I have fever.	मुझे बुखार है ।
A.	Oh! I wish you get well soon.	ओह ! में कामना करती हुँ , आप शीघ्र स्वस्थ हो जाओ ।
B.	Thanks for your wishes.	आपकी शुभकामनाओं के लिए धन्यवाद !

Conversation - 6

A.	Rani met with an accident.	रानी के साथ एक दुर्घटना हुई ।
B.	Oh, when?	ओह, कब ?
A.	Yesterday.	कल ।
B.	Did she get hurt badly? Is anything serious?	क्या उसे गहरी चोट लगी ? कोई चिंता की बात हैं ?
A.	Yes, she got 5 stitches on her hand.	हाँ, उसके हाथ पर 5 टाँके लगे ।